KB275799

궁중음악에서 조선팝까지

우리가 몰랐던 우리음악 이야기

개정증보판

박소영 지음

구름서재

　이 책은 청소년 독자들이 우리 콘텐츠들에 쉽게 접근하여 즐길 수 있도록 QR코드를 활용하고 있습니다. 스마트폰 등으로 책 속의 QR코드를 찍으시면 저자 선생님이 추천하는 음악이나 공연실황, 또는 교육콘텐츠들에 접속할 수 있습니다.

　또한 읽는 중에 궁금한 자료들이 있을 때엔 인터넷 등에서 자료를 찾아보거나 직접 음악을 찾아들을 수 있도록 해시태그(#)들을 달아 우리 음악을 배우는 재미를 더했습니다.

우리 전통음악인 국악을 온 국민들이 널리 즐기도록 하기 위해 만든 기관이 국립국악원입니다. 국립국악원에서 제공하는 국악 아카이브에 들어가면 다양한 우리 음악들을 듣고 공연을 동영상으로 관람할 수 있습니다. 그 밖에도 부산국립국악원이나 전북특별자치도립국악원 등 많은 국악 관련 사이트들이 있어 쉽게 자료들을 접할 수 있습니다.

 국립국악원 홈페이지

 국립국악원 아카이브

 부산국립국악원

 전북특별자치도립국악원

 국립국악원 공식 유튜브 채널

 국악방송

자 이제 손에 지닌 도구들을 이용해 우리음악에 접속해 보세요!

많이 들었으면 좋겠습니다! 익숙해졌으면 좋겠습니다!

낯선 음식을 뱃속의 위가 받아들이려면 최소한 네 번은 먹어봐야 한다고 합니다. 한 사람을 제대로 알려면 사계절을 함께 겪어봐야 한다고도 합니다. 그런데 우리는 어렸을 때부터 서양의 음악만 귀에 익숙하도록 습관이 되어 왔습니다. 제대로 들을 기회조차 갖지 못했던 억울한 우리 음악입니다.

독일의 재즈그룹 '살타첼로'는 한국음악에 심취해서 밀양아리랑, 옹헤야, 진도아리랑 같은 우리 민요를 재즈와 접목한 작품을 선보였고, 월드컵에서도 한국어로 된 응원가를 직접 만들어 불렀을 정도로 우리 음악을 사랑합니다. 그룹의 리더인 페터 쉰들러는 한국음악이 모든 세계 사람의 마음을 감동시킬 수 있는 특별한 매력을 가지고 있다고 말합니다. 리듬이 매우 복잡하지만, 멜로디는 단순하면서도 엄청난 힘을 가지고 있고, 끊어질 듯 끊어질 듯 어느 한순간 힘을 모으는 집중력 또한 엄청나다는 겁니다.

유럽 음악인들에게 한국 민요를 들려주면 특별한 멜로디와 리듬에 깜짝 놀랍니다. 과거에 이런 음악이 발전했다는 것이 놀랍고, 지금의 시각으로 보면 굉장히 현대적인 음악이라고 말입니다. 한국에서 태어나지도 않은 음악가들이 우리 음악의 매력을 발견하고, 듣고, 연주하는데 정작 우리는 우리음악을 즐겨 듣지 않는다는 것이 속상하기만 합니다.

저는 고등학교와 대학교에서 국악을 전공했습니다. 처음부터 국악이 좋아서 선택한 것은 아니었습니다. 다른 분야보다는 음악을 조금 더 좋아하는 것 같고, 그렇다고 다른 악기나 노래를 잘하는 것은 아니라 여차저차 하다 보니 국악고등학교를 알게 되었고, 그곳에 합격하여 국악을 시작했습니다. 전공자였지만 낯선 음악이었고, 즐겼다기보다는 반복되는 시험을 통과해야만 하는 과제로서의 음악이었습니다. 대학을 졸업한 뒤 다시 나의 형편과 상황에 따라 다른 대학에 편입하였고, 지금은 초등교사로서의 행복한 삶을 살고 있습니다.

그런데 전공자가 아닌 삶을 살게 되면서 우리나라 음악이 들으면 들을수록 매력이 있고 듣기에 좋은 음악이구나 하는 생각을 많이 하게 되었습니다. 그리고 나서 주변을 둘러보니 우리나라 음악을 즐겨 듣는 사람들과 학생들이 정말 많지 않다는 것을 느끼게 되었습니다.

지금 초등학교 음악책의 40% 이상을 국악이 차지합니다. 하지만 여전히 국악은 우리나라 음악이 아닌, 다른 어느 나라의 전통음악인 듯 낯설게 받아들여집니다. 그래서 학생들에게 들어서 좋은 음악을 소개해 주고 싶었습니다. 흥미를 느끼게 해주고 싶은 마음에, 정말 부족하지만 자료들을 모으고, 제 귀에 듣기 좋은 음악들을 고르고 정리하여 여러분께 권하는 책을 내게 되었습니다.

여러분이 책을 통하여 여기 소개된 음악을 듣고, "이 음악 정말 좋다!", "그 음악이 자꾸 생각나네!" 할 수 있다면, 그래서 여러분이 우리 음악을 스스로 찾아 듣고 즐길 수만 있다면 정말 좋겠습니다.

2018년, 지은이 박소영

"많이 들었으면 좋겠습니다! 익숙해졌으면 좋겠습니다!"

이 문장으로 『우리가 몰랐던 우리음악 이야기』 서문을 열었습니다. 벌써 7년이 지났고, 개정판으로 다시 책이 나오게 된다니, 저에게는 정말 영광스러운 일이 아닐 수 없습니다.

그동안 우리 음악은 대중성에서 많은 성과가 있었습니다. 많은 사람이 이날치의 〈범 내려온다〉를 통해 해학과 흥겨움을 노래 부르고, 안예은의 〈창귀〉를 듣고 신선한 소재와 창법으로 머릿속에 노래를 새겨놓는 듯한 경험을 했습니다. 송소희의 성장과 함께 사람들은 맛깔나는 민요와 새로운 우리 음악의 모습을 보았고, 서도밴드의 세련된 음악에 넋을 놓기도 하며, 이희문의 화려한 복장과도 멋지게 어우러지는 전통음악에 열광하기도 했습니다. '풍류대장'이라는 프로그램 속 음악들은 어땠는지요? 하나하나다 신선하고 충격적이었습니다. 7년이라는 시간 동안 우리 음악에서 많은 시도와 변화가 이루어지고, 이에 따라 전통음악에 대한 관심도 많이 증가했다고 봅니다. 그런데도 전 "많이 들었으면 좋겠습니다! 익숙해졌으면 좋겠습니다!"라고 외치며 이 책을 시작합니다. 아직도 우리 음악을 낯설게 느끼고 접근조차 시도하지 않는 사람들이 많다는 걸 알기 때문입니다. 그래서 저는 이 책이 사람들이 우리 음악에 관심을 갖고 익숙해지는 시작점이 되기를 바랍니다. 그리고 이번 개정판에도 이러한 소망을 가져 봅니다. 이

야기로 흥미가 생기고, QR 코드로 유튜브 속 우리 음악을 들어 보고… 이
러한 과정들을 세 번, 네 번 거치다 보면, 귀에 감기듯 마음에 드는 우리
음악 플레이리스트도 가지게 되지 않을까요?

　　처음 책이 나올 때는 이야기를 소개하고 해당 곡을 들어볼 수 있도록
음반을 소개하고, QR 코드로 유튜브의 해당 음악을 들어볼 수 있도록 했
었습니다. 7년 전에도 그랬지만 지금은 더 음반을 사서 음악을 듣기보다
유튜브나 온라인으로 음악을 듣는 문화가 정착된 것 같습니다. 그래서 이
번 개정판에서는 음반 소개 부분은 없애고, 유튜브 속 음악만 QR 코드
로 소개해 드렸습니다. 대신 음악을 좀 더 풍부하게 많이 들어 보았으면
하는 마음으로 곡 수를 좀 더 넣어 보았습니다. 그리고 창작 음악에 관한
내용도 정말 간단하게 추가했습니다. 위에 말씀드렸듯이 창작 음악으로
시작해서 전통을 향해 가는 여정에 조금이나마 보탬이 되기를 바라는 마
음으로요.

　　우리 음악이 이 시대에서 살아 숨 쉬며 성장해 나가는 만큼 이 책
도 함께 성장하고 변화함을 느낍니다. 다음번에는 더 많이 숨어 있
는 이야기와 풍부한 곡들로 책을 채워 나갈 꿈을 꾸며 이만
인사드립니다. 이제 우리 음악 속 흥미로운 이야기 속으로
들어가 보십시오!

2025년, 지은이 박소영

차례

첫째마당

조선 왕들 음악으로 백성과 통하다

둘째마당

양반들은 어떤 음악을 들었을까?

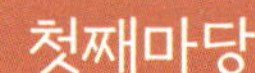

조선 왕들 음악으로 백성과 통하다

♬ 세종대왕은 음악천재?

♬ 왕이 작곡한 음악을 들어 보실래요?

♬ 물렀거라 정조대왕 행차하신다!

♬ 행진곡 대취타

♬ 만 가지 근심을 잠재우는 음악

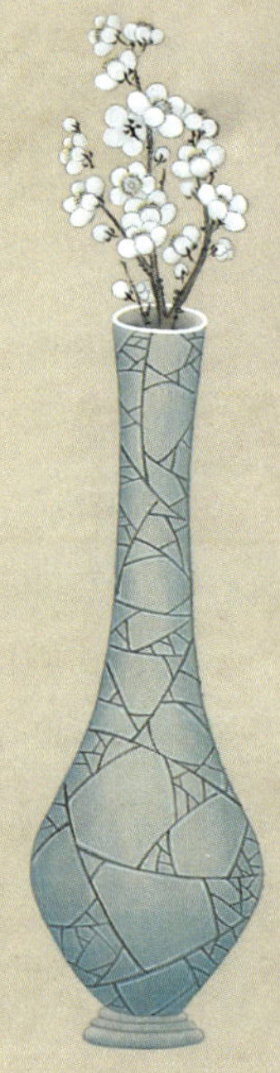

세종대왕은 음악천재?

1972년부터 지금까지 만 원권 지폐의 주인공인 인물이 있습니다. 32년의 재위 기간, 54년의 길지 않은 인생에서 어떻게 그 많은 일들을 이뤄냈을까 하는 생각이 들 정도로 많은 업적을 이뤄내신 분입니다. 정치, 경제, 문화, 군사, 과학 등 거의 모든 분야에서 뛰어난 공적을 남겼기 때문에 우리는 이분의 업적 몇 가지는 상식적으로 외우고 있습니다.

더군다나 집권 후반기 10년 동안은 온갖 병이 겹치고 눈까지 거의 보이지 않았다고 하는데, 이 기간 업적의 상당 부분을 이루어냈다는 사실에 놀라지 않을 수 없습니다. 그렇기 때문에 지금도 역사상 가장 존경하는 왕을 말하라고 하면 우리는 이분을 꼽습니다.

누굴까요? 그래요. 바로 세종대왕입니다!

조선 초기의 궁중음악은 아직 정비가 되지 않아서 엉망이었습니다. 악기들은 조율이 안 되어 있거나 불량한 상태로 방치되어 있었고, 중요한 악기들도 없는 것이 많았습니다. 그래서 세종은 박연에게 궁중음악 정비의 업무를 주었습니다. 음악에 조예가 깊고 능력도 뛰어났던 박연은 궁중음악 개혁을 위해 상세한 계획을 짜서 서른아홉 번이나 상소를 올렸습니다. 그리고 궁중음악 개혁을 위해 첫 번째로 악기를 정비합니다. 그런데, 정비하다 보니 없는 악기도 많고, 음의 높낮이도 맞지 않았습니다. 예를 들면 이 악기의 황종 음과 다른 악기의 황종 음이 달랐던 것이지요. 생각해 보세요. 합주하는데 악기들의 음이 서로 맞지 않는다면 결코 아름다운 음악이 될 수 없겠지요? 말 그대로 불협화음으로 가득할 테니까요. 그래서 표준음인 황종 음을 정하기로 합니다. 심혈을 기울였지만, 한 차례의 실패 끝에 표준음을 얻을 수 있는 12율관을 제작했습니다.

표준음을 얻었으니 이제 그 음에 맞게 악기를 제작하면 되겠지요? 먼저 궁중음악 연주에 꼭 필요한 편경 제작에 들어갔습니다. 편경에 쓰이는 돌은 아무 돌이나 쓴다고 되는 게 아닙니다. 전국 방방곡곡을 찾아다니다가 드디어 남양(지금의 경기도 화성)에서 편경 제작에 필요한 경석을 찾게 됩니다.

편경을 완성한 뒤, 세종

편경은 ㄱ자 모양의 돌 16개를 두 개 층의 나무틀에 매달아 놓고 쳐서 음을 내는 타악기입니다.

앞에서 시연을 보이는 박연, 얼마나 긴장되고 흥분되었을까요? 연주를 들은 세종은 "음이 조화롭고 소리가 맑고 아름답다."고 칭찬을 합니다. 그리곤 한마디 덧붙이지요.

"이칙 1매의 소리가 약간 높구나."

박연이 얼마나 훌륭한 음악가인데! 혹시 세종대왕이 실수한 것 아닐까

대나무로 만든 소리의 세계 — 12율관律管

피아노에서 보면 '도'에서 다음 '도'까지를 한 옥타브라고 하지요. 서양음악에서는 한 옥타브의 음을 12개의 반음으로 나누었습니다. 도, 도#, 레, 레#, … 라#, 시, 시#. 이렇게 말입니다.

전통음악인 국악에서도 이와 비슷하게 한 옥타브를 12개의 음으로 나누었는데, 각각의 음은 황종, 대려, 태주, 협종, 고선, 중려, 유빈, 임종, 이칙, 남려, 무역, 응종이라는 이름을 가지고 있습니다. 이 음의 이름을 율명이라 하고, 12개의 음 전체를 12율이라고 부릅니다.

이 12율 음을 맞출 때 기준이 되는 것이 황종 율관입니다. 자를 만들 때 1센티미터의 길이가 정확하지 못하면 자의 길이가 엉망이 되는 것처럼, 황종 음이 정확하지 못하면 모든 음이 어그러지게 되겠지요? 그래서 황종 율관의 음을 정확하게 맞춰야 다른 음도 정확하게 맞출 수 있습니다. 박연도 한 번에 못 만들고 실패했다가 다시 만들었다는 걸로 봐서, 율관 만들기는 무척 어려웠나 봅니다.

율관을 만드는 방법에는 '삼분손익법'이라는 방식이 있습니다. 먼저 황종 율관을 만든 뒤, 그 길이를 3등분하여 한 조각을 빼면 다음 음인 임종 율관이 되고, 임종 율관을 다시 3등분하여 한 조각을 더하면 태주 율관이 되는 식입니다. 이렇게 빼고 더하는 과정을 반복하여 12개의 율관을 완성하게 됩니다. 이 율관들은 보통 대나무로 만들어지는데, 이를 **12율관**이라고 합니다.

요? 그런데, 확인해 보니 편경에 먹으로 그린 줄이 남아있었습니다. 무슨 말이냐고요? 편경은 두께로 음 조절을 합니다. 편경이 두꺼울수록 높은 소리가 나고, 얇을수록 낮은 소리가 나지요. 그런데 두께에 맞게 자르려고 그어놨던 먹줄까지 돌을 다 갈지 못해 먹줄이 남아 있었던 것입니다. 그래서 먹줄 하나의 두께만큼 음높이가 틀렸던 거지요.

실제로 어느 텔레비전 프로그램에서 먹줄 하나만큼의 두께가 어느 정도의 소리 차이를 내는지 직접 실험해 본 적이 있습니다. 실험 결과 먹줄 하나의 차이는 10분의 1 정도의 미세한 차이였습니다. 보통 사람들에겐 거의 같은 음으로 들리는 정도였지요. 음의 10분의 1정도 차이도 구별할 수 있는 절대음감을 가진 세종이었던 것입니다.

그런데 이런 세종의 음감을 물려받은 아들이 있습니다. 바로 세조입니다. 혹시 세조가 귀신의 소리를 알아들었다는 이야기를 들어 본 적이 있나요?

세종 23년(1441년) 10월 어느 날이었답니다. 세종의 아들인 수양대군(훗날 세조가 됨)과 형제들은 밤에 함께 모여 이런저런 이야기를 나누고 있었나 봅니다. 그때 멀리서 관악기인 소簫 소리가 두 번 들려 왔습니다. 수양대군은 그 소리를 청협종(높은 레#)과 청임종(높은 솔) 음이라고 알아맞히지요. 형인 문종이 같이 있다가 누가 저런 소리를 내는지 궁금해 하니 세조는 "귀신의 소리"라고 답합니다. 악기를 잘 다루던 세조는 청유빈(높은 파 또는 라) 이상 높은음은 피리로 불지 못하는데, 들려온 소리는 그 음보다 반음이 더 높은 음인 청임종 소리였으니 귀신이 부는 소리라고 한 것이지요. 멀리서 들려온 소리를 듣고 정확히 무슨 음인지 알아맞히는 절대음감의 세조는 아버지 세종보다 더 밝은 귀였던 것 같습니다.

　그나저나, 그날 밤 세조와 형제들이 들었던 '청임종' 소리는 정말 귀신의 소리였을까요? ♣

우리나라 궁중음악의 세 갈래 — 아악 / 당악 / 향악

우리나라의 궁중음악은 아악, 당악, 향악 세 가지로 나뉩니다.

아악雅樂은 원래는 '우아한 음악'이라는 뜻이지만, 실제로는 궁궐에서 제사를 지낼 때 쓰이던 음악입니다. 고려 예종 때 송나라에서 들어왔고, 지금은 문묘제례악만이 남아 있습니다.

당악唐樂은 통일신라와 고려 시대에 중국 당나라와 송나라에서 들어온 음악으로, 원래는 중국의 민간 음악이었습니다. 오늘날에는 궁중무용 음악인 〈포구락〉, 〈보허자〉, 〈낙양춘〉 등이 전해지고 있습니다. 조선 시대에는 당피리로 연주되는 곡들도 당악이라 불렀습니다.

향악鄕樂은 우리 고유의 전통 궁중음악으로, 당악과 구별하기 위해 붙인 이름입니다. 종묘제례악의 〈정대업〉, 〈보태평〉, 〈여민락〉, 〈수제천〉, 〈취타〉, 〈영산회상〉 등이 이에 속합니다.

이처럼 아악은 중국에서 들어온 제사 음악, 당악은 중국의 민간 음악, 향악은 우리나라 고유의 궁중음악으로 각각의 특징과 역사적 배경을 가지고 있습니다.

왕이 작곡한 음악을 들어 보실래요?

#향악_당악 #세종대왕작곡 #관습도감_맹사성 #중요무형문화재1호
#종묘제례악_문묘제례악 #조선시대악보_정간보 #여민락_용비어천가

"드오~! 쾅 쾅쾅 쾅." 꽤나 묵직하고 둔탁한 소리입니다. 마치 저승의 문을 두드리는 듯한 소리입니다. 그리고 천천히 연주되는 악기들과 길게 늘어서 부르는 듯한 소리. 이것은 바로 영혼들을 부르고 있는 소리입니다.

좀 으스스했나요? 사실 이 곡은 무섭다는 느낌이 들지는 않습니다. 조선의 역대 임금과 왕후의 제사 때 연주하는 종묘제례악이라는 음악으로, 조선왕조를 개국한 선왕들의 위업을 이야기하는 가사로 되어 있습니다. 그리고 이 곡의 작곡자는 바로 세종대왕입니다.

조선 초기에는 왕실에서 주관하는 모든 제사 때 중국에서 들여온 제례 음악을 사용했습니다. 중국의 문물은 모두 좋고 따라 해야 한다는 생각을 가지고 있었던 신하들은 그것을 당연하다고 생각했습니다. 하지만 세종의 생각은 달랐습니다. 살아생전에 우리 향악을 듣던 조선의 임금과 왕후들의 제사 때에 중국의 음악을 쓰는 것은 이상한 것 아니냐며 우리 음악인 향악을 쓰자고 제안합니다. 당시에는 정말 파격적인 제안이었습니다. 세종의 명을 받들어 궁중음악을 정리한 박연마저 향악을 쓰는 것은 옳지 않다며 중국의 궁중음악인 아악만을 써야 한다고 주장합니다. 중국 음악을 함부로 버릴 수 없다는 것이 이유였습니다. 당시 음악 담당 기관인 관습도감의 총책임자였던 맹사성만이 아악을 연주한 뒤에 향악을 연주하자는 절충안을 내놓았는데, 안타깝게도 금방 세상을 떠났습니다.

옳다고 생각하는 일은 끝내 해내고야 마는 세종은 직접 작곡을 합니다. 절대음감을 지녔고, 어려서부터 악기 연주에도 탁월한 능력을 보여 형인 양녕대군도 가르쳤다는 세종이 작곡이라고 못 할 이유가 없었겠죠. 그런데 세종이 곡을 작곡하는 모습이 참으로 기상천외했습니다. 막대기로 땅에 박자를 짚어가며 하룻저녁에 곡을 뚝딱 만들었다고 하네요. 그러나 신하들의 반대는 여전해서 세종이 작곡한 음악들은 궁중 연회에서만 쓰이다가 세조 때에 이르러 비로소 종묘제례악으로 쓰이기 시작했다고 합니다. 종묘제례악은 조선 시대 역대 왕들의 제사를 지낼 때 쓰던 음악을 말합니다.

세종대왕은 이렇게 조상의 제사 때 쓰일 음악을 직접 작곡한 것이지요. 세종대왕이 작곡한 곡은 〈여민락〉, 〈보태평〉, 〈정대업〉 등이 있습니다. 〈여민락〉은 연주곡이고, 〈보태평〉과 〈정대업〉*은 요즘도 종묘제례에서 연주되

● **보태평**保太平**과 정대업**定大業은 모두 조선 시대 종묘제례 때 연주하던 음악입니다. 〈보태평〉은 조선왕조를 창건한 태조의 이전 조상들의 높은 학문과 덕을 칭송하는 내용으로 되어 있고, 〈정대업〉은 무공을 찬양하는 내용으로 되어 있습니다.

종묘제례악은 조선 시대 왕실에서 역대 임금과 왕후의 제사를 지낼 때 연주하던 음악입니다. 사진은 국립국악원 토요명품공연 중 종묘제례악 연주 장면.

〈사진출처: 국립국악원〉

고 있습니다. 조선 왕실에서 제례를 지낼 때엔 이렇게 기악과 노래, 춤이 어우러졌습니다. 조선 시대의 제사 의식인 종묘제례악은 우리나라의 중요무형문화재 제1호로, 또 유네스코 무형문화유산 대표목록으로 등재되어 있습니다.

그런데, 세종 시대의 음악이 어떻게 지금까지 잘 보존되어 연주될 수 있었냐고요? 세종은 우리 음악을 제대로 기록하기 위해 악보까지 만듭니다. 그것이 바로 동양 최초로 음 길이까지 알 수 있는 악보인 『정간보井間譜』입니다. 정말 못 하는 게 없는 세종! 한글 창제에다 작곡까지 하고 악보도 만들었다 하면 히트를 쳐서 오늘날까지 사용되고 있네요.

왕이 작곡한 음악, 그것도 모든 면에서 뛰어났던 세종대왕이 작곡한 음악, 들어 보고 싶지 않은가요? 매년 5월 첫째 주 일요일, 서울 종로에 있는 종묘*에 가면 세종이 작곡한 음악과 거기에 맞추어 춤을 추는 일무伶舞*, 그리고 제사 의식 전부를 볼 수 있습니다. 매년 5월 첫째 주나 11월 첫 번째 토요일은 가족들과 함께 종묘 나들이를 추천합니다!

세종이 작곡한 음악 중 〈여민락〉은 백성과 더불어 즐기는 음악이라는 뜻입니다. 본래 한문으로 된 "용비어천가" 125장 중 1~4장과 마지막 장을 가사로 한 반주곡이었지만 오늘날 노래는 사라지고 연주곡으로만 남아 있습니다. 용비어천가는 조선왕조를 찬양하는 시로 조선왕조가 통치함이 정당하다는 것과 건국신화 등을 내용으로 하고 있습니다. 여러분도 2장에 나오는 "뿌리 깊은 나무는 바람에 흔들리지 않고"라고 시작하는 가사는 많이 들어 보셨지요? 그런데 막상 기록으로 남아 있는 〈여민락〉 가사에는 이런 내용이 없습니다. 왜일까요? 네, 한문으로 지어진 가사로 불렀기 때문입니다. 세종대왕은 한글을 만들었는데 왜 용비어천가는 한문으로 지었냐구요? 처음에는 우리말로만 지었었는데, 이렇게 역대 왕조를 찬양하는 시는 한문시로 지어오던 관습이 있어서 한문시를 뒤에 덧붙였다고 합니다.

오늘날 연주되는 〈여민락〉은 매우 느린 음악인데요, 감상해 보면 마음이 편해집니다. 백성과 더불어 즐기는 음악이라기보다는 백성을 편안하게 해 주는 음악이라고 할까요? 그래서 제목도 여민락與民樂(백성과 함께 즐긴다는 뜻)이었겠죠! ♣

● **종묘**宗廟는 조선 시대 역대 왕과 왕비들의 신주를 모셔두고 제사를 지내는 곳입니다.
● **일무**伶舞는 종묘나 문묘에서 제사 지낼 때 여러 사람이 줄을 지어서 추는 춤을 말합니다.

[종묘제례악 – 희문과 역성] KBS 국악관현악단의 연주로 종묘 영녕전에서 제작된 영상입니다. 예술미가 돋보이는 영상과 함께 종묘를 배경으로 종묘제례악 〈보태평〉 중 초헌례에 해당하는 '희문'과 '역성'이 장엄하게 연주됩니다.

[보태평과 정대업 – 국립국악원] 국립국악원의 토요 명품공연에서는 실내에서 연주되는 종묘제례악을 감상할 수 있어요. 〈보태평〉과 〈정대업〉이 일무와 함께 펼쳐지며, 각 악곡의 특징을 비교해 보는 것도 흥미롭습니다. 특히 악기 구성과 음악의 흐름에 집중해 감상하면, 두 악곡의 차이를 더욱 깊이 있게 느낄 수 있습니다.

[종묘제례악 5분 영상] 이 영상은 종묘제례악을 약 5분 분량으로 간추려 소개한 작품입니다. 〈보태평〉 일무에서는 왼손에 약(籥), 오른손에 적(翟)을 들고 춤을 추며, 〈정대업〉 일무에서는 오른손에 검이나 창을 들고 역동적인 동작을 선보입니다. 전통 의상의 아름다움과 함께, 마치 연극을 감상하는 듯한 무대 연출이 깊은 인상을 남깁니다.

[로봇들의 종묘제례악] 로봇들이 홍주의라는 붉은색 예복을 입고 일무를 추며, 편종·편경·축·어 등의 악기를 연주합니다. 복장부터 춤, 연주까지 전통을 정성스럽게 재현한 모습이 귀엽고 인상적이죠?

[종묘제례악 전곡 감상과 해설] 종묘제례악 전곡을 자세한 해설과 함께 오롯이 감상할 수 있는 영상이에요. 정교하게 구성된 무대에서 펼쳐지는 연주는 전통의 깊이를 고스란히 전해 주네요. 약 두 시간에 이르는 분량이니, 여유로운 마음으로 천천히 음미하며 감상하는 것을 추천합니다.

[보태평 11곡] 〈보태평〉은 조선왕조의 문덕을 찬양하는 11곡(희문, 기명, 귀인, 형가, 집녕, 융화, 현미, 용광정명, 중광, 대유, 역성)으로 구성되어 있습니다. 이 영상은 〈보태평〉 전곡을 차례대로 감상하기에 적합하며, 각 곡의 가사와 해석이 함께 제공되어서 이해를 돕습니다.

[정대업 11곡] 〈정대업〉은 조선왕조의 무공을 찬양하는 11곡(소무, 독경, 탁정, 선위, 신정, 분웅, 순웅, 총유, 정세 혁정, 영관)으로 이루어져 있어요. 이 영상에서는 〈정대업〉 11곡을 차례대로 감상할 수 있습니다. 앞의 〈보태평〉 영상과 마찬가지로 가사와 해석도 나와 있어서 이해하기에 좋은 영상입니다.

[여민락 – 국립국악원] 〈여민락〉은 현악 연주자들에게는 음과 음 사이가 길어서 박자를 맞추기가 여렵고, 관악 연주자들에게는 잔 꾸밈음이 많아서 연주하기 힘든 곡으로 알려져 있어요. 이 영상은 국립국악원이 2016년 토요명품공연에서 연주한 〈여민락〉의 무대를 담고 있습니다. 10분 분량으로 곡의 깊은 울림을 감상하기에 적합합니다.

[신여민락 – 한충은] 대금 연주자 한충은이 새롭게 해석하고 연주한 〈신여민락〉입니다. 기타 반주와 함께 대금과 소금 연주가 마음을 편하게 해주네요.

▶️ 스마트폰으로 책 속의 QR코드를 찍으면 저자 선생님이 추천하는 음악이나 공연실황, 또는 교육콘텐츠들에 바로 접속할 수 있습니다.

물렀거라 정조대왕 행차하신다!

#왕행차음악 #격쟁 #초계문신제도 #정조 #조선음악이론서_악통
#왕실제사 #원구제_사직제_종묘제 #왕실음악감독_전악 #특경
#혜경궁홍씨회갑연 #사도세자 #취타대

왕의 행차를 널리 알리는 힘찬 음악 소리가 들려옵니다. 구름같이 사람들이 모여들고, 왕이 지나가는 길목에서 한 사람이 꽹과리를 두들기며 나옵니다. 힘찬 음악 소리에 대한 답가라도 하는 걸까요? 함께 어울려 노는 것일까요?

하지만 이것은 조선 시대 격쟁擊錚의 한 장면입니다. 격쟁은 또 뭐냐고요? 격쟁이란 조선 시대 억울한 일을 당한 사람이 왕이 행차하는 길가에서 징이나 꽹과리를 쳐서 왕에게 하소연하던 제도입니다. 글을 모른다는 이유로, 신분이 낮다는 이유로, 억울한 일을 당할 수밖에 없었던 백성이 왕 앞에서 억울한 마음을 풀어헤치는 거지요.

격쟁이란 제도는 조선 후기 모든 왕이 허용했지만, 정조가 가장 적극적이었습니다. 한 번 행차하는 동안에 평균 51건이나 되는 민원을 처리했다고 해요. 정말 대단하지 않습니까? 정조에게는 이 행차가 백성들과 소통하는 소중한 시간이었던 것입니다. 그리고 그 소통의 연결 끈은 다름 아닌 음악이었습니다.

이렇게 소통할 줄 알았던 정조 대왕은 음악 또한 사랑했습니다. 제대로 음악을 알고, 바른 곡을 연주한다면 좋은 풍속이 자연스럽게 만들어질 것이라고 생각했습니다. 그래서 음악을 잘 아는 신하(지락지신知樂之臣)를 키우기 위해 시와 음악을 통한 인성교육을 강조하고, 규장각에서 뛰어난 학자들을 교육시키는 과정인 초계문신제도抄啓文臣制度●를 시행하며 음악 공부도 꾸준히 하도록 강조했습니다.

정조가 말로만 음악을 강조한 것은 아닙니다. 정조는 자신의 문집인 홍재전서弘齋全書에 실린 『악통樂通』●이라는 음악 이론서를 직접 썼습니다. 그리고 음악을 잘 알기 때문에 매번 제례를 올릴 때마다 음악과 관련된 내용을 많이 지적하곤 했습니다.

정조는 음악 신동이라 할 정도로 음악을 듣는 능력도 뛰어났습니다. 정조가 땅의 신과 곡식의 신에게 풍작을 기원하는 사직제社稷祭●를 올릴 때의 일입니다. 제사를 위해 음악이 연주되었습니다. 그런데 음악을 가만히

> ● **초계문신제도**抄啓文臣制度는 젊고 재능 있는 문신들을 규장각에 위탁하여 재교육시키는 제도입니다.
> ● **악통**樂通은 정조가 1790년에 편찬한 음악이론에 관한 책입니다. 악률樂律(음계), 악조樂調(곡조), 악기樂器, 악보樂譜, 악현樂懸(악기의 편성), 악무樂舞(춤), 이렇게 모두 여섯 편의 내용으로 되어 있습니다.
> ● **사직제**社稷祭는 토지의 신과 곡식의 신에게 풍년을 빌며 지내는 제사입니다. 유교 국가인 조선에서는 하늘과 땅, 사람에 지내는 세 개의 큰 제사가 있었는데, 각각 **원구제**圜丘祭와 **사직제**社稷祭, **종묘제**宗廟祭라고 불렀습니다.

듣다 보니 어떤 부분이 이상하게 들리는 것이었습니다. 이에 정조는 가까이 있는 신하에게 그 사실을 지적하고 빨리 가서 뭐가 잘못됐는지 알아보도록 했습니다. 음악 감독에 해당하는 전악典樂*이 살펴보고는 긴장해서 말하기를 "특경이 두 박자를 빠뜨리고 연주하였습니다."라고 대답했습니다. 특경은 잘 깎은 커다란 ㄱ자 모양의 돌을 매달아놓은 악기입니다. 특경이 낼 수 있는 음은 '황종' 하나밖에 없어 문묘제례악과 종묘제례악에서 음악이 끝났다는 신호로 한번 쳐주는 게 전부인 악기이지요. 그러니 악기와 함께 연주했다 해도 한두 박자 빨리, 또는 늦게 연주된다고 어색할 것이 없습니다. 그런데 정조는 이 제례악 선율을 모두 외우고 있었나 봅니다. 여러분도 한번 들어 보면 아시겠지만, 제례음악을 연주하는 사람이 아니면 이 곡을 모두 외우고 있기가 어디 쉬운 일인가요? 하지만 정조는 이 긴 음악에서 두 박자가 빠졌다는 것을 바로 알아낸 것입니다. 이렇듯 임금님이 매의 눈과 박쥐의 귀로 음악을 듣고 있었으니 연주자들은 연주하면서 얼마나 긴장을 했을까요?

1795년(정조 19년) 윤2월 9일, 이날부터 8일간 역사에 길이 남을 만한 큰 이벤트가 펼쳐집니다. 사도세자의 생일에 맞춰 혜경궁 홍씨*의 회갑연을 열기 위해 수원으로 가는 행차였습니다. 아시겠지만 사도세자는 아버지인

●**전악典樂**은 조선 시대 음악과 관련된 일을 총괄하던 관청인 장악원에서 일을 맡아보던 정6품의 벼슬을 말합니다.
●**혜경궁 홍씨**는 사도세자의 부인이자 정조의 어머니입니다. 왕세자빈으로 궁궐에 들어가 남편인 사도세자를 잃고 칠십여 년 동안 궁에 갇혀 살아야 했던 비운의 세월을 『한중록』이라는 회고록으로 남기기도 했습니다.

조선 시대의 제사 음악 – 종묘제례악과 문묘제례악

종묘제례악은 조선 시대 임금님과 왕비님께 제사를 지낼 때 연주하던 음악이에요. 이 음악에는 두 가지 노래가 있는데, 하나는 임금님들이 전쟁에서 세운 큰 공을 기리는 〈정대업〉이고, 다른 하나는 임금님들의 지혜와 덕을 기리는 〈보태평〉입니다. 두 노래는 각각 11곡씩으로 모두 합쳐 22곡이 연주되었습니다. 제사는 제단 위의 연주단인 등가와 제단 아래의 연주단인 헌가가 함께 음악을 연주하며 진행되었고, 연주에는 편종(쇠북), 편경(돌북), 북, 징, 장구, 피리, 대금, 해금, 아쟁 등 다양한 악기가 사용되었습니다. 연주단의 위치에 따라 사용하는 악기가 조금씩 달랐다는 점도 특징이에요.

문묘제례악은 공자와 그의 제자들, 그리고 우리나라의 학자들에게 제사를 지낼 때 연주하던 음악이에요. 집에서 지내는 제사의 절차와 비슷하게 신을 맞이하고 제물을 바친

뒤 첫 잔을 올리며 시작했어요. 이어서 음악만 연주하는 시간과 둘째 잔, 셋째 잔을 차례로 올린 뒤 제사에 쓰인 그릇을 정리하고, 신을 보내드린 다음 마지막으로 축문을 태우는 순서로 진행되었습니다. 문묘제례악은 모두 15곡으로 이루어져 있는데, 곡마다 선율은 비슷하지만, 시작하는 음을 달리하여 만든 것이 특징이에요. 연주는 종묘제례악과 비슷하게 제단 위와 아래에서 함께 이루어졌고, 피리, 대금, 해금, 징, 북, 장구 등 여러 가지 악기가 사용되었습니다.

영조에 의해 뒤주에 갇혀 죽은 비운의 왕세자입니다. 그리고 바로 정조의 아버지이기도 하죠. 혜경궁 홍씨와 사도세자가 동갑이었다고 하니, 정조에게 이 행차는 큰 의미가 있었을 것입니다.

115명의 기마 악대가 연주하는 음악이 울리는 가운데 1,800여 명의 신하가 뒤따랐고, 그 행렬은 1킬로미터에 이르렀습니다. 4,500명 정도의 군사를 포함해서 행사를 위한 인원이 6천 명 정도나 됐다고 하니 정말 대단하

19세기 그림 평생도에 그려진 취타악대. 김홍도가 그린 것으로 추정되는 이 그림에서 관찰사가 부임할 때 취타대가 앞서 가며 악기를 연주하는 모습을 볼 수 있습니다.

〈국립중앙박물관 소장〉

지 않습니까?

이제 임금님의 행차와 함께 울려 퍼지는 음악 소리에 귀를 기울여 보겠습니다. 어떤 음악이 연주되었을까요? 자장가처럼 조용한 음악은 아니었겠지요? 여러 사람들이 듣고 화들짝 놀라며 "응? 이건 뭐지?" "무슨 일이 있나?" "누가 지나가나?" 이런 생각이 들 만큼 크고 웅장한 음악이었을 겁니다.

조선 시대 임금님이 행차할 때는 취타대라는 음악대가 웅장한 음악을 연주하며 따랐습니다. 들고 있는 악기도 태평소, 나발, 큰 소라 껍데기로 만든 나각, 북, 징, 심벌즈랑 비슷한 자바라, 큰북과 비슷한 용고 등 위풍당당했습니다. 모두 큰 소리를 내는 악기들인데 115명이 한꺼번에 연주하면서 지나갔으니 그 소리가 자는 아이 여럿 깨웠을 것 같습니다. 그러니 많은 백성들이 모여들어 구경도 하고, 왕 앞에 나아가 자신의 처지를 하소연하기도 하고, 왕의 위엄을 느끼는 자리가 됐을 것입니다. 오늘날 연주되는 〈대취타〉도 취타수들의 악기편성을 2명씩으로 축소해서 연주합니다. 즉, 태평소, 나발, 나각, 북, 징을 2명씩 맡아 연주하는 것입니다.

왕과 백성을 소통하게 해줬던 음악, 왕의 행차를 알리던 음악, 여러 사람이 행진할 때 연주되었던 음악, 많은 백성을 화들짝 놀라게 하고 모여들게 했던 음악, 한번 들어 보고 싶지 않으신가요? ♣

행진곡 대취타

#대취타 #불고치는악기 #무령지곡 #전부고취_후부고취 #선율악기_단음악기
#취타대복장 #등채 #명금일하대취타_허라금 #원행을묘정리의궤
#규장각화원 #왕의초상화_어진 #수원화성행궁 #정조대왕화성능행반차도

"명금일하 대취타 하랍신다~~~" 지잉~ 딱 딱 딱. 뿌웅 ~~~ 알아들을 수 없는 구령과 함께 징이 울리고 딱, 딱, 딱, 소리가 나더니 음악이 시작됩니다. 앗, 뿌웅은 좀 너무했나요? 음악 소리를 글로 표현하다 보니 그만… 여러분이 직접 들어 보고 멋지게 다시 표현해 보세요.

그런데 뭐지? 행진곡 〈대취타〉라고 했는데, 이 노래에 맞춰서 행진을 했다고요?

우리가 흔히 들어왔던 행진곡을 생각하면 어떻게 이런 음악에 맞춰 행진하지, 하는 생각이 드는 것도 무리는 아닙니다. 행진곡 하면 〈라데츠키 행진곡〉이나 〈터키 행진곡〉처럼 여러 사람이 발을 착, 착, 착 맞추어 걸어가는 모습이 먼저 떠오를 테니까요.

하지만 정조대왕이 행차하는 옛 그림을 보면 발을 똑같이 맞춰서 걷는 건 아니지만, 많은 사람들이 함께 걷거나 말을 타고, 가마를 걸머지고, 〈대취타〉의 선율과 함께 먼 거리를 지치지 않고 위엄 있게 걸어가는 모습을 볼 수 있습니다.

〈대취타〉는 이렇게 임금의 거둥이나 군대의 행진, 개선 등에 연주되었습니다. 걷거나 움직이면서 연주해야 하니, 주로 불고(취吹), 치는(타打) 악기를 중심으로 편성이 됐겠지요? 그래서 이 곡의 이름인 '취타吹打'는 부는 악기인 취악기吹樂器와 치는 악기인 타악기打樂器의 연주를 뜻합니다. 그리고 이러한 형태로 연주되는 음악은 모두 〈취타〉라고 부를 수 있습니다. 이제 〈대취타〉 하면 어떻게 연주되는 음악인지는 알겠는데, 뭔가 이 곡만의 특징을 콕 집어 말할 수 있는 다른 제목이 필요할 것 같지 않나요? 그래서 이 곡에는 아명雅名이 하나 더 있습니다. 즉 별명이 하나 더 있다는 얘기입니다.

〈대취타〉의 아명은 '무령지곡武寧之曲'입니다. 무령武寧은 나라가 굳세고 평안해지기를 바란다는 뜻을 담고 있습니다. 검을 들고 춤을 추는 궁중무용인 〈항장무項莊舞〉●의 반주 음악으로 이 곡이 쓰일 때 무령지곡이란 아명으로 부릅니다. 어렵나요? 여러분이 학교에서는 학생이라고 불리고, 집에서는 아들이나 딸로 불리는 것과 비슷하다고 생각하시면 됩니다.

〈대취타〉의 악기 편성은 시대와 규모에 따라 달랐습니다. 조선 시대에 임금이 행차할 때에는 태평소, 바라, 북 등이 왕의 행렬 앞에서 연주되었는데 이를 '전부고취前部鼓吹'라고 부르고 대금, 해금, 피리, 장구 등 행렬 뒤에

● 항장무項莊舞는 중국 진나라 때 유방과 항우에 얽힌 옛이야기를 바탕으로 만든 무용극입니다. 지방에서 유행하던 것을 조선 말 고종 때 궁중으로 들어와 공연하였는데, 이 공연에 〈대취타〉 반주가 따랐습니다.

서 연주되는 악기를 '후부고취後部鼓吹'라고 불렀습니다. 오늘날에는 〈대취타〉의 악기가 태평소, 나발(나팔), 나각, 북(용고), 장구, 징, 자바라로 구성됩니다. 이 중 태평소太平簫만이 유일하게 선율, 즉 멜로디를 연주하는 악기이고 나발, 나각은 일정하지 않은 단음만을 소리 낼 수 있습니다. 하지만 조선 시대에 연주되었던 〈대취타〉는 해금이나 대금, 피리 같은 선율악기가 편성되어 훨씬 큰 규모로 음악을 연주하였습니다.

이 〈대취타〉는 삼국시대부터 있었던 것으로 보입니다. 고구려 벽화나 백제의 악기에 관한 기록에 〈대취타〉에 관한 내용이 나와 있거든요.

군악대 행진곡 – 대취타 / 취타

대취타는 조선 시대에 왕이 궁궐 밖으로 행차하거나 왕릉을 방문할 때, 또는 군대가 행진하거나 전쟁에서 승리한 뒤 개선할 때 연주되던 음악을 말해요. 또한 궁중에서 무용할 때 반주 음악으로도 사용되기도 했습니다.

대취타에 사용되는 악기는 시대나 행사 규모에 따라 조금씩 달랐지만, 기본적으로 부는 악기와 두드리는 악기로 나뉩니다. 부는 악기 중에서는 태평소만이 멜로디를 연주하고, 나발이나 나각(소라로 만든 관악기)은 한 음만을 내지요. 타악기로는 북, 장구, 징, 자바라 등이 사용돼요. 연주자 외에도 집사라는 사람이 있는데, 그는 직접 연주하지 않지만, 등채라는 지휘봉을 들고 음악의 시작과 끝을 알리는 역할을 했어요. 대취타는 총 7개의 장章으로 구성되어 있으며, 각 장은 12박拍으로 이루어져 있습니다.

취타는 대취타를 관현악(관악기와 현악기를 함께 쓰는 음악)으로 편곡한 곡입니다. 궁중에서 잔치나 의식이 있을 때 연주되었으며, 〈만파정식지곡萬波停息之曲〉이라는 이름으로 불리기도 하죠. 취타는 대취타와 마찬가지로 7장으로 구성되어 있고, 사용되는 악기로는 거문고, 가야금, 해금, 대금, 향피리, 소금, 아쟁, 장구, 좌고 등이 있어요.

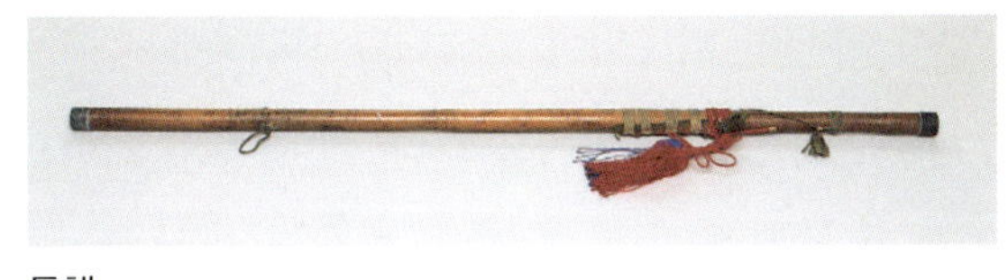

등채

〈대취타〉를 연주하는 악사들을 '취타대吹打隊'라고 하는데, 조선 시대 무관이 입던 노란색 철릭을 입고, 남전대라는 허리띠를 두르며, 머리에는 꿩 깃을 꽂은 누런색 갓(초립)을 쓰고, 미투리를 착용합니다. 이런 복장은 정조 때에 정비된 것으로 오늘날의 취타대도 이 복장을 유지하고 있습니다.

〈대취타〉에는 연주자들 외에 시작과 끝을 알리는 집사執事가 있는데, 이 사람이 지휘자의 역할을 합니다. 지휘봉이라고 할 수 있는 '등채藤策'를 두 손에 받쳐 들고 있던 집사가 음악이 시작되면 이를 오른손에 고쳐 잡고 머리 위로 높이 들며 "명금일하대취타鳴金一下大吹打 하랍신다." 하고 호령하면 징이 울리며 연주가 시작됩니다.

풀이하면 "징을 치면 음악을 시작하라!" 라고 지휘자가 연주자들에게 명령하는 것인데, "명금일하대취타~"라고 하니 뭔가 좀 있어 보이지 않나요?

음악을 마칠 때에는 집사가 "허라금喧譁禁."이라고 소리치는데요, 이 뜻은 무엇일까요? "요란한 소리 이제 그만~"이란 뜻입니다. 풀어서 써보니 참 재미있지요? 실컷 잘 연주했는데, 요란한 소리 이제 그만하라니요. 너무하지 않나요? 옛사람들의 귀에도 행진곡인 〈대취타〉의 소리가 무척이나 요란하게 들렸나 봅니다.

원행을묘정리의궤•라는 책에는 1795년 윤 2월 조선의 제22대 왕 정조가 어머니 혜경궁 홍씨의 회갑연과 아버지 사도세자의 회갑을 기념하기 위해 어머니를 모시고 화성에 다녀온 일이 자세히 기록되어 있습니다. 이 책에는 이날의 행차 모습을 자세히 묘사한 그림들도 들어 있습니다. 이 그림은 당시 규장각의 화원畵員*들이 공동으로 제작한 것으로 화원 중에는 풍속화로 유명한 김홍도도 있었습니다.

그림에는 1,779명의 사람과 779필의 말이 표현되어 있고, 여러 악기를 연주하는 취타대의 모습이 나타나 있기 때문에 당시 행차의 규모와 위용을 알 수 있습니다. 이 행차는 겉으로는 어머니의 회갑을 경축하기 위한 나들이였지만 실은 그간의 위업을 과시하고 국민의 충성을 결집시켜 정치 개혁에 박차를 가하려는 목적이 있었습니다.

자, 그럼 이 그림 속에서 정조는 어디에 있을까요? 한 가지 힌트를 드린다면 정조는 말을 타고 있습니다. 뭐라고요? 말을 탄 왕의 모습을 찾을 수 없다고요? 맞습니다. 실제 정조는 혜경궁 홍씨 뒤에서 말을 타고 이동했지만, 그림에는 사람이 타고 있지 않은 말만 보일 뿐입니다. 조선 시대에는 왕의 모습을 그림으로 그릴 수 없었습니다. 선조 때부터 공식적으로 10년에 한 번씩 어진御眞(왕의 초상화)을 그려서 남겼을 뿐입니다. 정조의 어진은 세 번 그려졌습니다. 왕세손 때에 처음 그린 어진은 자신과 비슷하지 않다며 버리게 했고, 즉위 뒤 두 번의 어진을 남겼지만 불행하게도 6.25전쟁 때에

●**의궤**儀軌는 조선 시대에 나라의 행사나 의식을 치를 때의 준비과정과 행사 내용을 기록해 두는 책입니다. 의궤에는 행사의 준비 과정과 행사 모습, 참가자 명단, 행사에 들어간 경비의 수입과 지출까지 꼼꼼히 기록되어 있습니다. 화성의 기록과 관련된 의궤는 크게 두 가지인데, 바로 〈화성성역의궤〉와 〈원행을묘정리의궤〉입니다.
●**화원**畵員은 조선 시대 왕실에 소속되어 그림을 그리던 화가들을 말합니다. 신윤복과 김홍도가 모두 화원이었습니다.

화성 능행 반차도의 부분

모두 불타 이제 하나도 남아 있지 않습니다. 지금 정조의 어진이라고 알려진 것들은 실제 정조의 얼굴이 아니라고 합니다.

'정조대왕 화성능행반차도'를 보고 싶다면 청계천에 가시면 됩니다. 4,960개의 도자 판을 하나하나 연결하여 광교에서 삼일빌딩까지 186m의 길이로 하나의 작품으로 완성해 놓았습니다. 그림과 함께 자세한 설명도 적혀 있으니 한 번쯤은 꼭 살펴보기를 권합니다.

그리고 매년 열리는 수원 화성문화제에서는 정조대왕의 능 행차 행렬과 격쟁의 모습까지 시연하고 있습니다. 서울 광화문을 출발해 수원 화성행궁을 거쳐 화성 융릉과 건릉까지 이어지는 정조대왕의 능 행차를 모든 구간 복원하여 시현하는 행사가 벌어지고 있다고 하니, 구경 가시면 옛날 정조대왕 능 행차의 온전한 모습을 볼 수 있을 것 같습니다. ♣

 [대취타 – 국립국악원정악단] 국립국악원 정악단이 선사하는 〈대취타〉. 실내 무대에서 울려 퍼지는 웅장한 연주를 함께 감상해 보세요.

 [대취타 – 교과서국악] "명금일하~ 대취타 하랍신다~"라는 외침으로 시작되는 〈대취타〉는 연주자마다의 개성과 표현이 담겨 있습니다. 그렇다면 학생들이 연주하는 〈대취타〉는 어떤 느낌일까요? 국악방송은 교과서에 수록된 전통음악 12곡을 중·고등학생들의 실제 연주 장면으로 담아낸 영상을 제작했습니다. 우렁찬 소리와 힘 있는 연주가 〈대취타〉의 장중한 매력을 생생하게 전달하며, 시원한 울림을 선사합니다.

 [황실대취타] 1906년 음반에 수록된 곡을 바탕으로 조선 시대 왕의 행차에 참여했던 군악대의 복식을 재현했습니다. 〈대취타〉와 비슷한 분위기이지만 선율과 장식음에서 다소 차이를 보이네요.

 [대취타 易] 〈대취타 易(역)〉 – 지휘 원일, 작곡 원일. 텅 빈 관현악단 자리에 무대 뒤편 타악기 연주자들만이 자리한 채 공연이 시작됩니다. 연습 장면인가 생각하는 순간, 피리와 태평소 연주자들이 등장하고 이어서 관현악단의 다른 연주자들까지 무대를 채우며 곡은 점차 확장됩니다. 전통 〈대취타〉의 형식을 현대 관현악으로 재해석한 이 작품은 익숙함 속에서 새로운 울림을 전합니다.

 [대취타 – 오노을] 대취타가 들려올 때 민중이 느꼈을 설렘과 기대를 태평소 연주로 풀어낸 곡입니다. 타임머신을 타고 격쟁의 현장에 있다고 생각하면서 감상해 보면 어떨까요?

 [Neo 대취타] 같은 이름의 곡들을 찾아 듣는 것도 재미있는 감상 방법이겠죠? 〈대취타〉를 주제로 작곡된 국악 관현악곡 〈Neo 대취타〉에서도 전통 〈대취타〉의 힘찬 기운을 현대적 감각으로 느껴 볼 수 있습니다.

▶ 스마트폰으로 책 속의 QR코드를 찍으면 저자 선생님이 추천하는 음악이나 공연실황, 또는 교육콘텐츠들에 바로 접속할 수 있습니다.

만 가지 근심을 잠재우는 음악

#만파정식지곡_수요남극지곡 #대취타_소취타 #공자_논어_술이편
#관악기_현악기_타악기 #찰현악기 #정악_민속악

불고 치는 음악을 취타라 부른다고 한 것 기억하시죠? 취타 중에서도 큰 규모로 궁중 행사와 군대 행진에 쓰였던 것이 앞에서 이야기한 〈대취타〉입니다. 말 그대로 '큰大~ 취타'인 거죠. 그럼, '소小 취타'도 있냐구요? 네, 있습니다. 옛날 지방관청에서 작은 규모로 연주된 것이 소취타입니다. 곡은 하나인데 너는 큰 취타, 나는 작은 취타 하고 나눈 거지요.

그런데요. 여기서 끝이 아닙니다. 옛날 사람들이 〈대취타〉를 듣다 보니 길에서 듣는 행진곡으로만 쓰기가 조금 아까웠던 모양입니다. 그래서 〈대취타〉에서 유일하게 선율을 연주하는 악기인 태평소 가락을 가지고 다른 음악을 만들었습니다. 〈대취타〉의 태평소 선율을 두 음 정도 올린 다음 연주할 악기의 특성에 맞춰서 선율을 약간씩 바꿨습니다. 그랬더니 〈대취타〉에서 나왔지만, 〈대취타〉와는 완전 다른 곡이 되었는데 이 곡이 바로 '취타'

입니다. 불고 치는 음악 형식도 '취타'이고, 대취타를 편곡한 곡이름도 '취타'인 것이죠. 하지만 헷갈리실 필요는 없습니다. 관현악 편성 곡 〈취타〉에는 '만파정식지곡萬波停息之曲'이라는 다른 이름이 붙어 있으니까요. 풀이하자면 '만 가지 파도를 잠재우는 음악'이라는 뜻이지요.

우리 음악에는 새로운 곡을 만들기보다 기존의 곡을 변주해서 만든 곡들이 많습니다. 왜 그럴까요? 우리 조상들은 작곡할 능력이 없었을까요?

조선 시대 선비들에게 음악은 즐기는 수단이라기보다 자신을 수련하기

우리 전통음악의 두 갈래 – 정악과 민속악

옛날 우리나라는 신분이 엄격하게 나뉘어 있었고, 신분에 따라 즐기는 음악도 달랐습니다. 그래서 우리 전통음악은 누가 즐겼는가에 따라 크게 정악과 민속악으로 나눌 수 있습니다.

정악은 주로 궁궐의 왕실이나 양반 같은 상류층 사람들이 즐기던 음악을 말합니다. 이들은 자신들의 음악을 정통 음악이라고 여겨 정악正樂이라고 불렀고, 고상하고 우아한 음악이라는 뜻으로 아雅樂이라고도 했습니다. 정악에는 왕과 왕비의 제사에서 연주되던 **제례악**, 양반들이 풍류를 즐기며 연주하던 **풍류음악**, 시조나 가사 같은 노래인 **정가**, 그리고 왕실이나 높은 관리들이 행차할 때 쓰던 **고취악** 등이 있습니다.

민속악은 서민들이 자연스럽게 만들고 즐기던 음악입니다. 이 안에는 우리 민중의 삶을 담은 민요, 긴 이야기를 노래로 풀어낸 **판소리**, 짧은 노래인 **단가**와 **잡가**, 그리고 기악곡으로는 **산조**와 **시나위**, 마을 잔치와 행사를 즐겁게 해 주는 **풍물놀이** 등이 있습니다. 또 종교와 관련된 음악으로는 절에서 부르는 **범패**와 무속에서 쓰이는 **무속음악**도 포함됩니다.

즉, 정악은 주로 윗사람들이 즐겼던 격식 있는 음악이고, 민속악은 서민들이 삶 속에서 만들어 즐기던 음악이라고 할 수 있습니다.

위한 수양 방법의 하나였습니다. 그렇기 때문에 음악은 공부와도 무관하지 않았습니다. 조선은 유교국가였기 때문에 선비들은 평생 유교 경전을 공부하며 유교 사상을 실천하려고 노력하며 살았습니다. 유교 경전 중 『논어論語』는 공자와 제자들의 말과 행동을 기록한 책인데요, 당연히 조선 선비들에게 중요한 책이었겠지요? 그런데 이 논어의 '술이述而' 편을 보면 "옛것을 익혀서 전해 주기는 하되 창작하지는 않으며 옛것을 믿고 좋아한다."라는 말이 있습니다. 공자님도 창작하지 않는다고 했는데 유교를 공부하는 선비들이 함부로 창작할 수는 없었겠지요? 창작하지 않고 창작할 방법! 그 방법이란 바로 기존의 곡을 변주해서 만드는 것이었습니다.

〈만파정식지곡〉에 쓰이는 악기는 대금, 향피리, 소금, 해금, 아쟁, 가야금, 거문고, 좌고, 장구 등이 있었습니다. 악기를 보니 입으로 부는 관악기인 대금, 피리, 소금도 있고, 쳐서 소리를 내는 타악기인 좌고, 장구 그리고 줄로 연주하는 현악기인 가야금, 거문고가 있습니다. 그런데 해금과 아쟁은 왜 현악기에서 빠졌을까요? 우리 음악에서 해금, 아쟁처럼 현을 마찰해서 내는 악기, 즉 찰현악기擦弦樂器는 관악기처럼 음이 지속된다고 해서 현악기가 아닌 관악기 취급을 했습니다. 악기의 겉모습보다는 악기가 지닌 속성에 중점을 둔 것입니다. 〈만파정식지곡〉은 여러 악기로 구성되는 만큼 선율이 화려하고 아름다우며 웅장한 느낌을 줍니다. 또한 어깨를 으쓱으쓱 올리고 싶은 충동이 일게 하는 매력을 가진 곡이기도 해요.

이런 매력을 가진 곡이니만큼 조금 다른 느낌으로 연주하고 싶은 생각이 들었나 봅니다. 이번에는 관악기를 빼고 현악기로만 연주하고 〈수요남극지곡壽耀南極之曲〉이라는 다른 별명을 붙여 주었습니다. 같은 곡이지만 악기

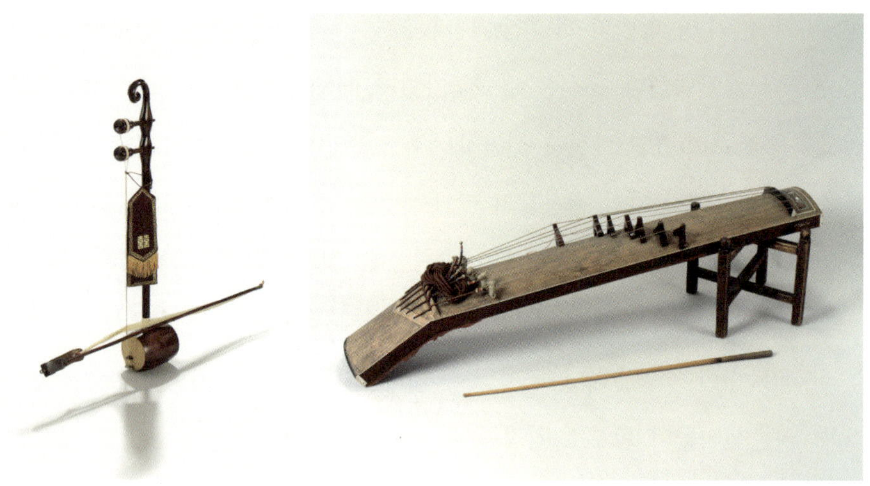

해금(왼쪽)과 아쟁(오른쪽)은 현을 마찰해서 소리를 내는 찰현악기입니다.

편성이 달라지면서 느낌 또한 달라지는 것입니다. 취타의 또 다른 맛을 느낄 수 있으니, 두 곡 다 들어 보시길 강력 추천합니다. ♣

[취타 – 국립국악고등학교] 국립국악고등학교 학생들이 연주한 관현악 합주곡 〈취타〉는 아주 멋지고 웅장한 분위기를 가지고 있어요. 가야금, 거문고, 대금, 소금, 향피리, 해금, 아쟁, 장구, 좌고, 박 같은 여러 가지 전통악기들이 함께 어우러져서, 듣는 사람의 마음을 울리는 깊고 아름다운 소리를 만들어냅니다. 전통음악의 멋과 힘을 느낄 수 있는 이 영상을 함께 감상해 볼까요?

[취타/길군악 – 국립국악원] 이 영상은 국립국악원의 토요명품공연에서 정악단이 연주한 〈취타〉와 〈길군악〉을 담고 있어요. '취타'는 왕이 행차할 때 쓰이던 행진 음악인 '대취타'를 여러 악기가 함께 연주하는 관현악 형식으로 바꾼 곡이에요. 영상에서는 악기들이 어떻게 배치되어 있는지, 연주자들이 어떤 옷을 입고 어떻게 연주하는지도 자세히 볼 수 있어서 전통음악의 멋을 더 잘 느낄 수 있어요.

[수요남극지곡 – 국립국악원] 〈대취타〉는 옛날 왕이 행차할 때 연주하던 행진 음악이에요. 이 음악을 여러 악기가 함께 연주하는 관현악 합주로 바꾼 것이 바로 〈취타〉랍니다. 그런데 이 〈취타〉를 다시 거문고, 가야금, 양금 같은 줄로 소리를 내는 악기들만으로 연주할 수 있게 만든 곡이 바로 〈수요남극지곡〉이에요. 이 곡을 듣다 보면, 전에 들었던 〈취타〉의 멜로디가 살짝 숨어 있는 걸 발견할 수 있어요. 음악 속에서 숨은그림찾기처럼 선율을 찾아보는 재미도 있답니다!

[수요남극 –KBS국악관현악단] 이상규 편곡의 〈수요남극지곡〉은 철가야금의 맑고 투명한 음색 덕분에 원곡보다 더 청아한 느낌을 줍니다. 아쟁도 함께 편성되어 있어, 영상 속에서 아쟁을 찾아보는 재미도 쏠쏠하죠. 〈대취타〉, 〈취타〉, 〈수요남극지곡〉, 그리고 또 다른 버전의 〈수요남극지곡〉까지 각 곡의 선율을 비교하며 감상하다 보면, 마치 숨은그림찾기를 하듯 음악 속 연결고리를 발견하는 즐거움을 느낄 수 있습니다.

[수요남극지곡 – 국악방송] 〈수요남극지곡〉의 분위기를 주도하는 악기인 양금의 특징과 연주 방식에 대한 자세한 설명을 들으며 감상할 수 있습니다.

▶ 스마트폰으로 책 속의 QR코드를 찍으면 저자 선생님이 추천하는 음악이나 공연실황, 또는 교육콘텐츠들에 바로 접속할 수 있습니다.

[라데츠키 행진곡 – 나뭇잎 연주] 서양의 행진곡을 우리나라 전통악기로 연주하면 어떤 느낌일까요? 그런데 그 음악을 나뭇잎으로 연주한다면? 나뭇잎도 멋진 악기가 될 수 있어요! 나뭇잎으로 연주한 〈라데츠키 행진곡〉, 어떤 소리일지 궁금하지 않나요?

[터키 행진곡 – 가야금 연주] 가야금으로 연주하는 〈터키 행진곡〉. 서양 곡과 우리 악기의 절묘한 조화를 통해 색다른 감성을 느낄 수 있습니다.

▶ 스마트폰으로 책 속의 QR코드를 찍으면 저자 선생님이 추천하는 음악이나 공연실황, 또는 교육콘텐츠들에 바로 접속할 수 있습니다.

양반들은
어떤 음악을 들었을까?

♬ 그림 속에서 음악 소리가 들려!

♬ 오래 살고 싶은 사람은 수제천을 들어 보세요

♬ 귀신을 부르는 대금 소리

♬ 선비들이 즐겨 듣던 음악

♬ 벽계수는 왜 말에서 떨어졌을까?

♫ 수제천
♫ 관악영산회상
♫ 현악영산회상
♫ 평조회상
♫ 대풍류
♫ 태평소시나위
♫ 청성곡
♫ 타령
♫ 군악
♫ 청산리벽계수야
♫ 동창이밝았느냐
♫ 북천이맑다커늘

그림 속에서 음악 소리가 들려!

#김홍도_무동 #신윤복_쌍검대무 #악공_악생 #삼현육각 #대풍류_줄풍류
#수제천 #관악영산회상_삼현영산회상 #반주 음악_행악
#염불타령_굿거리_탈춤 #길군악_길타령_길염불

소설 『바람의 화원』에는 김홍도가 〈무동〉 그림을 그릴 때 신윤복이 찾아와 대화를 나누는 장면이 나옵니다. 여기서 김홍도는 자신이 그린 〈무동〉이 신윤복의 〈쌍검대무〉를 보고 착안했다면서, 뒷모습만 그려진 악공•들의 모습이 안쓰러워 악공들이 주인이 되는 그림을 그렸다고 말합니다. 악공들이 주인이 되는 그림! 그리고 김홍도의 창작열을 끄집어낸 신윤복의 〈쌍검대무〉! 소설이지만 왠지 두 천재 화가는 정말 그런 대화를 나누고 그림을 그렸을 것 같은 생각이 듭니다.

그러면 두 그림 속의 악공들은 어떤 음악을 연주하고 있었을까요?

빨강 치마에 검을 들고 있는 여인이 눈에 띕니다. 그리고 오른쪽에 상대

● **악공**樂工은 삼국시대부터 조선 시대까지 왕립음악기관에서 음악 연주를 담당하였던 천민 출신의 전문음악인입니다. 같은 연주자라도 양인 출신은 **악생**樂生이라 불렀고 선발도 따로 했습니다.

신윤복의 〈쌍검대무〉, 간송미술관 소장

편 여인이 보이네요. 펄럭이는 치맛자락이며 동작이 눈앞에서 움직이기라도 하는 듯, 시선을 한참 붙들어 놓습니다. 주변을 살펴보니, 두 여인의 검무를 지켜보는 선비와 여인들이 있습니다. 각자 쳐다보는 여인이 다르네요. 그 아래쪽에는 악공들이 연주를 하고 있습니다. 해금과 북을 치는 사람은 장단을 맞추려는지 장구 쪽으로 시선을 향하고 있네요. 아니면 장구를 치는 사람이 실수라도 한 걸까요? 이 그림 속 대결에서 이긴 사람은 누구였을까요? 이 그림에선 도대체 어떤 음악 소리가 울려 퍼지고 있을까요?

그림에서의 악기 편성이 해금과 피리 두 개, 대금과 장구, 북입니다. 이런 악기 편성을 '삼현육각三絃六角'이라고 합니다. 그런데, 같은 악기로 편성을 하고, '대풍류'라고 부르는 경우도 있습니다. '삼현육각'은 무용의 반주나 행차, 잔치 또는 민간에서 제사를 지낼 때 쓰이던 이름이고, '대풍류'는 감상용으로 쓰일 때 부르는 이름입니다.

삼현三絃인데, 현악기 세 개가 어디 있냐고요? 본래 삼현육각이라는 용어는 '3개의 현악기와 6개의 관악기'라는 뜻을 포함하고 있는데, 연주할 때 차츰 현악기는 포함되지 않게 되었습니다. 옛날에는 현악기와 관악기를 모두 갖춘 삼현육각 편성이었을지 모르지만, 시대가 지나 무용 반주 음악으로 쓰이면서, 현악기보다는 음량이 큰 관악기와 타악기 위주의 합주 편성으로 바뀐 겁니다. 그럼에도 삼현육각이라는 이름은 그대로 남게 된 거죠.

또 어떤 책에서는 삼현은 해금을 따로 친 것이고, 육각은 악기의 총 개수를 말한 것이라고도 합니다.

여기 또 하나의 그림이 있습니다. 소매를 휘이휘이 흔들며 춤을 추는 무동舞童과 그 아이를 둘러싸듯 둥그렇게 앉아서 연주하는 악공들이 보입니다. 악기를 살펴보면 북, 장구와 피리 두 개, 대금, 해금으로 구성되어 있죠? 위에서 보았듯이 삼현육각입니다.

실제 삼현육각으로 연주할 때에는 일렬로 앉아서 연주하고, 행차할 때는 두 줄로 나란히 서서 연주했다고 합니다. 그런데 김홍도는 악공들을 일렬로 배치하지 않고 무동을 감싸듯 둥그렇게 앉게 해서 그림을 더욱 생동감 있게 나타냈습니다.

무동의 춤동작만 봐도 흥겨운 공연임이 팍팍 느껴집니다. 장구 치는 사람의 어깨를 좀 보세요. 흥에 겨워 들썩들썩하는 것처럼 보이지 않습니까? 피리와 대금 연주자들의 표정에도 흥이 오른 것을 볼 수 있습니다. 주

김홍도의 〈무동〉, 국립중앙박물관 소장

위에 구경꾼이 있든 없든, 이들은 자기네 공연을 진심으로 즐기고 있는 것 같아요.

그런데, 그림을 살펴보면 이상한 부분이 있습니다. 먼저 장구 모양이 이상하네요. 채편은 둥근 모양인데, 왼손이 닿는 북편은 네모진 모양입니다.

48

옛날 장구는 저런 모양이었을까요? 그리고 장구를 무릎에 올려놓고 치네요. 저런 자세로 연주하기가 쉽지 않을 텐데 말이에요. 장구 연주자가 너무 흥에 겨워 그랬을까요? 쭉 살펴보니 한군데 이상한 부분이 또 있습니다. 해금 연주자의 왼손을 보세요. 저렇게 악기를 잡을 수는 있겠지만, 저

선비들이 즐긴 풍류음악 – 대풍류와 줄풍류

날 우리 선비들은 음악과 예술을 즐기는 것을 풍류라고 불렀습니다. 풍류란 세상의 규칙이나 속박에서 벗어나 자연의 아름다움과 예술의 즐거움을 마음껏 느끼는 것을 말합니다. 풍류음악은 주로 양반이나 선비들이 생활 속에서 놀이나 여가를 위해 연주하던 음악이에요. 겉으로는 근엄하고 체면을 중시할 것 같은 선비들도, 친구들과 함께 모여 악기를 연주하고 춤추고 노래하는 것을 큰 즐거움으로 삼았답니다. 이렇게 음악을 즐기는 사람을 풍류객이라고 불렀고, 각 지역에는 풍류방이라는 장소가 있어서 모여서 음악을 연주하며 즐기기도 했습니다.

풍류음악은 크게 대풍류와 줄풍류로 나눌 수 있습니다.

대풍류는 대나무로 만든 관악기를 중심으로 연주하는 음악을 말합니다. 여기서 '대'는 대나무 관악기를 뜻합니다. 하지만 대풍류에서도 관악기만 쓰는 것은 아니고, 현악기와 북, 장구 같은 타악기도 함께 사용되었습니다. 기본 대풍류 편성은 향피리 2대, 대금 1대, 해금 1대, 장구 1대, 북 1대였으며, 이를 삼현육각이라고도 합니다. 삼현육각은 춤을 위한 반주 음악에서 자주 쓰이는 편성입니다.

줄풍류는 거문고나 가야금 같은 줄로 소리를 내는 현악기를 중심으로 연주하는 음악입니다. 기본 편성은 거문고, 가야금, 해금, 세피리, 대금, 장구이며, 여기에 단소나 양금을 추가할 수도 있습니다.

대풍류와 줄풍류에서 연주되던 대표적인 곡으로 〈영산회상〉이 있습니다. 영산회상은 아홉 개의 작은 곡이 이어진 모음곡으로, 악기 편성에 따라 줄풍류 위주, 대풍류 위주, 또는 관악기와 현악기를 함께 쓰는 합주 형태로 연주할 수 있습니다.

자세로 연주할 순 없겠지요? 그리고 대금 연주자가 대금을 잡은 방향 또한 보통 연주를 할 때 잡는 방향과는 반대입니다. 김홍도가 몰라서 그랬을까요? 실제로 김홍도는 대금 연주에 일가견이 있었다고 합니다. 그림 속에 대금 연주자가 김홍도라는 말도 있으니 몰라서 저렇게 그리진 않았겠지요. 그림 속에 많은 수수께끼를 숨겨놓아서 더욱 재미있게 느껴집니다. 일부러 저렇게 그린 건지 실수한 건지 꼭 한번 물어보고 싶습니다.

위의 두 그림은 조선 후기의 유명한 화가인 신윤복과 김홍도의 작품입니다. 조선 후기 천재 화가들답게 그림 실력은 물론이고, 왁자지껄한 음악 소리와 많은 이야깃거리까지 그림에 들어 있는 듯합니다. 현장에서는 과

옛 선비들은 악기를 연주하고 춤추고 노는 것을 즐겼습니다. 김홍도의 〈포의풍류〉에서 선비는 비파를 연주하고 있습니다.

연 어떤 음악이 연주되고 있었을까요? 그림에 가만히 귀를 기울여 보세요. 흥겨운 장단과 음악 소리를 들어 보세요. 여인네들은 치맛자락을 펄럭이며 검무를 추고, 무동은 소매를 펄럭이며 멋들어진 춤을 추는 모습과 함께 말입니다.

삼현육각으로 연주되는 곡을 들어 보고 싶나요? 〈수제천〉, 〈관악영산회상(또는 삼현영산회상)〉을 들어 보세요. 또한 염불타령, 굿거리, 탈춤 등의 반주 음악과 길군악, 길타령, 길염불처럼 길거리에서 연주되는 행악行樂들이 모두 삼현육각을 기본으로 삼습니다. ♣

오래 살고 싶은 사람은 수제천을 들어 보세요

#망부석전설 #정읍사 #빗가락정읍 #악학궤범_대악후보
#처용무 #수제천_정읍_빗가락정읍_ #삼현육각 #삼현영산회상_상영산
#여민락본령_해령 #표정만방지곡

도림은 소금 장수 집에서 태어났습니다. 어릴 적부터 소금 장수 아버지를 따라 전국을 돌아다닌 도림은 단소에도 재주가 있어 고향에서 떨어져 있을 때에는 단소로 집에 대한 그리움을 달래곤 했습니다. 그런데 단란하고 행복하게 살던 도림 가족은 큰 홍수를 만나게 되어, 아버지는 화병으로 죽고 어머니마저 큰 병을 얻고 말았습니다. 가족은 병든 어머니를 간호하기 위해 샘바다라는 곳으로 이사를 가게 되었습니다. 샘바다는 지금의 전라북도 정읍에 있는 고을의 이름입니다. 고향을 떠나 돌아가신 아버지가 생각날 때마다 단소를 불던 도림에게 동네 처녀 월아는 그만 홀딱 반하고 말았지요. 사실 월아에게는 약혼자가 따로 있었지만, 도림과 월아는 사랑을 하게 되었고, 여차저차 힘든 과정을 거쳐서 둘은 드디어 결혼에 이르게 됩니다. 결혼한 뒤 도림은 다시 소금 장사를 하기 위해 먼

길을 떠납니다. 그런데 장삿길에 신라군이 쳐들어와 도림은 백제군으로 끌려가 2년 동안이나 집으로 돌아갈 수 없는 신세가 되고 말지요. 여기에 엎친 데 덮친 격으로 도림은 전쟁 중에 얼굴에 흉측한 상처까지 입게 됩니다. 월아가 자신의 얼굴에 반해서 결혼한 것으로 생각했는지 도림은 그 상처 때문에 집으로 돌아가지 못합니다. 그리고 전쟁터로 다시 나가 승리한 후 돌아가리라 결심하지요. 집에서 목이 빠져라 기다리는 월아는 생각도 안 하고 말입니다. 집에서 도림을 기다리는 월아의 마음이 어땠을까요? 전화도 없고 휴대전화도 없으니 연락이 될 리가 없습니다. 장사한다고 집 나간 지 2년이 되도록 돌아오지 않는 남편을 월아는 매일 마을의 높은 산에 올라가 기다립니다. 혹시 위험한 곳에 발을 디디진 않았을까? 짐이 너무 무거워 빨리 못 오시는 건 아닐까? 초조하고 불안한 마음에 달에게 기도를 합니다. 그리고는… 그대로 망부석이 되어버립니다.

둘하 노피곰 도ᄃᆞ샤 (달아 높이 높이 돋아서)

어긔야 머리곰 비취오시라 (더 멀리까지 좀 비추어라)

어긔야 어강됴리

아으 다롱디리

전 져재 녀러신고요 (시장에 가 계십니까?)

어긔야 즌 ᄃᆞ를 드디욜셰라 (진 땅을 디딜까 두렵습니다.)

어긔야 어강됴리

어느이 다 노코시라. (어느 곳이든지 무거운 짐은 다 내려 놓으세요.)

어긔야 내 가논 ᄃᆡ 졈그룰셰라 (내 님이 가시는 곳에 날 저물까 두렵습니다.)

어긔야 어강됴리

아으 다롱디리

　　장사 나간 남편을 걱정하며 기다리는 아내의 마음을 노래한, 백제시대부터 불렀다는 정읍사에 얽힌 이야기입니다. 위의 이야기는 정읍사를 토대로 쓰인 소설『정읍사 - 그 천년의 기다림』의 줄거리이구요, 정읍사는 유일하게 지금까지 전해져 오는 백제의 노래이지요. 입에서 입으로 전해져 내려오다가 고려 시대부터 궁중에서 무용 반주 음악으로도 사용되었습니다. 조선 시대에 와서는『악학궤범』•에 이 노래의 가사가 실리고,『대악후보』•에는 악보가 실립니다.

　　정읍사를 부르던 성악곡은 조선 중기 이후 기악곡으로만 연주되고 이 곡의 이름은 수제천壽齊天이라고 불리게 됩니다. 궁중에서는 섣달그믐에 사악한 기운을 쫓는 벽사의식辟邪儀式•으로 처용무를 공연하였는데, 이때 반주 음악으로 쓰이곤 했습니다.

　　수제천의 뜻은 '목숨이 하늘과 가지런하다'는 뜻입니다. 이 곡을 듣는 모든 사람에게 하늘처럼 영원한 생명이 깃들기를 기원하는 의미를 담고

● 악학궤범樂學軌範은 조선 성종 때 왕의 명령으로 편찬한 음악 이론서입니다. 가사가 한글로 실려 있으며 궁중음악은 물론이고 당악, 향악에 관한 이론이나 제도, 법식 등을 그림과 함께 설명하고 있습니다.

● 대악후보大樂後譜는 조선 시대 악보의 하나로 영조 때 서명응徐命膺(1716~1787)이 왕의 명령을 받들어 편찬했습니다.

● 벽사의식辟邪儀式이란 춤이나 그림, 부적, 상징물 등을 이용하여 사악한 귀신이나 재앙을 물리치는 의식을 말합니다.

조선 시대 궁중에서는 섣달그믐에 사악한 기운을 쫓는 의식으로 처용무를 공연했습니다. 사진은 국립국악원 토요명품공연 중 처용무 장면.

〈사진출처: 국립국악원〉

있지요.

〈수제천〉의 다른 이름은 '정읍'과 '빗가락 정읍'입니다. 악기는 대금, 소금, 향피리, 해금, 아쟁, 장고, 좌고, 박으로 편성됩니다. 그리고 처용무 반주 음악으로 쓰일 때는 삼현육각으로 편성되기도 합니다.

〈수제천〉은 궁중음악 중에서도 가장 아름답다는 평가를 받는 곡입니다. 만약 〈수제천〉을 오늘 처음 들으신다면 다음 몇 가지 특징들을 찾아보면서 들어 보세요. 앞으로 여러분들은 어떤 궁중음악과 섞여 있어도 이 곡을 알아듣고, 〈수제천〉의 염원처럼 가락의 한가운데서 하늘같이 영원한 생명을 느낄 수 있을지도 모릅니다.

자, 이제 연주를 듣겠습니다. 맨 처음 장구가 시작을 알립니다. 그리고 음악이 시작됩니다. 그런데 열심히 듣겠다고 손으로 박자를 짚으신 분들,

뭔가 이상하지 않나요? 박자가 딱딱 안 맞는 것 같지요? 〈수제천〉의 리듬은 메트로놈으로는 맞추지 못할 자유로움이 있습니다. 지휘자가 없어도 연주자들의 기가 막힌 호흡으로 곡을 연주해 나갑니다.

조금 듣다 보니, 모든 악기가 연주하는 가운데 피리가 주선율을 연주하다가 그칩니다. 그리고 그 끝 음을 이어받아 대금, 소금, 해금, 아쟁이 주선율을 연주합니다. 또 이 악기들의 가락이 끝나면 그 끝 음을 이어받아 피리가 다시 주선율을 연주합니다. 이러한 것을 연음기법連音技法이라고 하는데요, 〈삼현영산회상〉● 중 상영산上靈山과 〈여민락본령與民樂本令〉●의 변주곡인 해령解令의 연주에서도 이런 기법을 찾아볼 수 있습니다. 마치 하나의 음악을 통해 악기들이 대화를 나누듯이 주거니 받거니 하는 느낌을 받을 수 있습니다.

〈수제천〉의 아름다움은 가락과 꾸밈음, 뛰어난 음악적 구성에만 있지 않습니다. 곡 전체에 흐르는 화려하고 장중한 기품과, 그 가운데 느껴지는 여유로움엔 들어 보지 않으면 설명할 수 없는 신비한 무엇인가가 있습니다. 하긴, 기나긴 세월동안 끊임없이 연주되며 생명력을 이어온 〈수제천〉의 내공이 어디 가겠습니까? ♣

[수제천 – 국립국악원] 화려하면서도 차분한 분위기의 〈수제천〉! 국립국악원의 멋진 연주를 들으면서 영원한 생명을 느껴 보세요!

[수제천 – 교과서 국악] 각 악기가 어떻게 연주되는지, 무대 모습까지 자세히 볼 수 있어서 더 생생하게 즐길 수 있어요.

[해설과 함께 듣는 수제천] 해설과 함께 들으면 전통음악의 진짜 매력을 이해할 수 있어서, 〈수제천〉이 왜 특별한지 알게 될 거예요.

[수제천과 발레의 만남] 고궁의 고즈넉한 분위기 속에서 펼쳐지는 〈수제천〉과 발레의 만남은 정말 특별한 경험이 될 겁니다. 영상에서는 약 6분 50초부터 발레가 시작되며, 전통 국악과 서양 발레가 조화롭게 어우러지는 아름다운 무대를 감상할 수 있어요.

[수제천 – 피아노 편곡] 임동창이 피아노 연주곡으로 편곡한 〈수제천〉 연주를 들어 보세요. 〈수제천〉 선율을 다 외워서 피아노로 옮기는 것이 쉽지 않았을 것 같네요.

[수제천 – 대금, 첼로, 피아노 연주] 고수진이 편곡한 〈수제천〉은 전통과 현대가 조화롭게 어우러지는 멋진 작품이에요. 대금, 첼로, 피아노–서로 다른 성격의 세 악기가 만나면서도 너무나 부드럽고 편안한 분위기를 만들어냅니다.

스마트폰으로 책 속의 QR코드를 찍으면 저자 선생님이 추천하는 음악이나 공연실황, 또는 교육콘텐츠들에 바로 접속할 수 있습니다.

귀신을 부르는 대금 소리

#대금_단소_퉁소 #청성자진한잎_청성곡_청성삭대엽_요천순일지곡
#이삭대엽변주곡_태평가 #만파식적

깊은 밤 산속에서 선비 한 명이 걸어가고 있습니다. 잘 곳을 못 찾고 그대로 날이 저물었나 봅니다. 깜깜한 산속에선 기분 나쁘게 동물 소리조차 들리지 않고, 적막 그 자체입니다. 그러다가 멀리서부터 다가오듯 삐리리~하며 음악 소리가 들려옵니다. 서늘한 기운에 뒤를 천천히 돌아본 선비는 그만 으악! 눈을 허옇게 뒤집고, 머리를 풀어헤치고, 입가엔 피가 흘러내린 자국이 있는 여자 귀신이 흰 소복을 입고 서 있습니다. 왜 소리도 없이 남의 등 뒤에서 그렇게 무섭게 서 있는 건지…. 아무튼 음악이 나올 때부터 알아봤다니까요!

어릴 적에 저에게 대금 소리는 '전설의 고향'과 함께 강렬한 기억으로 남아 있습니다. 그런데 고등학교 이후 전설의 고향에 나오는 장면을 빼고 소리로만 다가온 대금 소리는 결코 귀곡성이 아니었습니다. 슬플 때 들으면

삼국시대부터 전해 내려온 대금은 국악의 관현합주뿐 아니라 독주에도 널리 쓰이는 악기입니다. 길이가 길고 굵은 편에 속해 넓은 음역을 연주할 수 있습니다.

〈사진출처: 국립국악원〉

길게 뽑아내는 소리에 마음이 평안해지고, 음을 흔들어낼 때는 내 슬픔을 알고 대신 울어주는 듯했습니다. 기쁠 때 들으면 고개로 박자를 절로 타며 가슴에서 행복한 기분이 퐁퐁 솟아났습니다. 연주하는 자세 또한 왜 이렇게 멋진지요! 고개를 좌로 돌리고 무심한 듯 연주하다 음악의 떨림과 연주자의 떨림이 힘차게 전해져 오는 모습은 넋을 잃고 바라보게 합니다.

어떤 곡을 얘기하고 싶어서 그러냐고요? 청성곡이라고도 부르는 〈청성자진한잎〉이라는 곡입니다. 이 곡이 바로 앞에서 이야기한 전설의 고향을 떠오르게 하는 곡인데요. 전설의 고향에서 처음 이런 분위기의 곡을 들었기 때문에 그렇게 기억되는 것 같습니다.

이 곡은 '청성곡', '요천순일지곡', '청성삭대엽' 등의 다른 이름을 가지고 있습니다. 청성자진한잎에서 '청성'은 높고 맑은 소리라는 뜻이고, '자진한 잎'이란 가곡의 변주곡임을 가리킵니다. 국악에 변주곡이 참 많지요? 이 곡은 가곡 〈이삭대엽〉을 변주한 곡인 가곡 〈태평가〉를 또다시 변주한 곡입 니다. 대금 특유의 높은 음을 많이 사용하고 특정 음을 지속시키면서 길 게 뻗는 연주 방법을 사용해서 독창적인 독주곡으로 바꿔 놓았습니다. 이

우리 전통 관악기 – 대금 / 단소 / 퉁소

우리 전통악기 중에서 관악기는 바람을 불어 소리를 내는 악기입니다. 대표적인 관악기 로 대금, 단소, 퉁소가 있어요.

대금은 보통 '젓대'라고도 부르며, 합주나 독주에서 모두 중요한 악기입니다. 대금은 삼 국시대부터 사용되었고, 신라 시대에는 324곡이나 연주되었다는 기록이 있습니다. 대 금에는 정악대금과 산조대금이 있습니다. 정악대금은 궁중음악에서, 산조대금은 민속 무용 반주나 산조 연주에 사용됩니다. 길고 굵어서 넓은 음을 연주할 수 있고, 합주에서 는 대금이 기준 음을 내어 다른 악기들이 이에 맞춰 연주합니다. 대금은 옆으로 들고 부 는 악기입니다.

단소는 조선 후기부터 사용된 짧은 피리 같은 악기입니다. 앞쪽에 4개, 뒤쪽에 1개의 구 멍이 있어 모두 5개의 구멍이 있습니다. 살짝 부는 소리와 세게 부는 소리를 모두 낼 수 있으며, 두 옥타브 이상을 연주할 수 있는 맑고 청아한 소리가 특징이에요. 단소는 풍류 음악, 가곡, 시조, 산조 등 여러 음악에서 반주나 독주 악기로 사용됩니다. 끝을 앞으로 놓고 부는 종적(세로) 피리입니다.

퉁소도 단소처럼 세로로 부는 악기지만 단소보다 훨씬 큽니다. 고려 시대 이후부터 조선 후기까지 궁중 정악에서도 사용되었고, 지금은 주로 민속 음악에서 연주됩니다. 예를 들어, 북청사자놀이 같은 서민 음악에서 자주 사용되며, 쓸쓸하고 슬픈 느낌의 가락이 특징입니다.

렇게 연주자의 긴 호흡으로 연주하며 내는 길게 뻗는 음과 화려한 장식음은 〈청성곡〉의 커다란 매력입니다. 또한 이 곡은 대금뿐 아니라 단소의 독주곡으로 많이 연주하는데요, 같은 관악기로 같은 곡을 연주하는데도 다른 매력을 느낄 수 있습니다.

여러분들도 처음 연주되는 부분만 들어도 "아! 이 곡!"할 것 같습니다. 물론 한밤중 숲속을 혼자 걸어가고 있는 선비를 생각하면서 말이지요. 하지만 몇 번, 더 몇 번, 그리고 더 몇 번 듣다 보면, 마음을 쥐고 흔드는 대금의 매력에 푹 빠져들 것입니다. 지금부터 이야기하는 대금에 얽힌 설화와 함께 〈청성곡〉을 한번 들어 보세요. 지금부터 들려줄 이야기에 나오는 만파식적과 부례랑의 전설처럼 대금 소리가 여러분을 통일신라 시대로 데려가 줄 겁니다.

만파식적萬波息笛이란 '수많은 파도를 잠재우는 피리'라는 뜻입니다. 수많은 파도를 잠재운다니 이름도 참으로 근사합니다. 어떤 피리이기에 이러한 이름을 가지고 있을까요? 만파식적 이야기를 하기 위해선 먼 옛날 통일신라 시대로 가봐야 할 것 같습니다.

문무왕 시절, 끊임없이 약탈을 일삼던 왜구들은 나라의 큰 골칫거리였습니다. 그래서 문무왕은 왜구를 막아 달라고 부처님께 비는 뜻으로 동해 바닷가에 절을 짓는 공사를 시작했습니다. 그리고 죽어서도 나라를 지키는 용이 되겠다고 자주 이야기를 하곤 했죠. 그러나 아쉽게도 문무왕은 절이 완공되는 모습을 보지 못한 채 죽고 맙니다. 하지만 용이 되겠다는 약속을 지키기 위해 문무왕은 자신의 유골을 화장해 동해에 뿌려 달라고 하지요.

아버지의 뜻을 이은 신문왕이 절을 완공했고, 절 이름을 감은사感恩寺라
고 지었습니다. 은혜에 감사하는 절이라는 뜻입니다. 그리고 절의 본당 뜰
아래에 동쪽을 향해 구멍을 뚫어 놓았습니다. 이 구멍의 용도는 무엇이었
을까요? 용이 된 문무왕이 절을 드나들 수 있도록 만든 통로였습니다.

어느 날, 신문왕은 감은사 쪽으로 작은 섬이 떠내려왔다는 보고를 받
게 됩니다. 당시에는 하늘의 별자리를 관찰해서 국가의 중요한 일을 점치
는 일관이라는 관직이 있었습니다. 신문왕은 일관을 불러 그 의미를 점치
게 합니다. 그랬더니 문무왕과 김유신이 신문왕에게 값진 보물을 주려 하
는 것이라고 하지 않겠습니까? 문무왕과 김유신은 삼국을 통일로 이끈 주
인공이지요. 기나긴 전쟁에 지친 백성들에게 통일을 선물한 두 사람은 죽
어서도 신과 같은 존재였기에 신문왕에게는 너무나도 기쁜 소식이었지요.

신문왕은 곧 감은사로 갑니다. 과연 그곳에는 거북이 머리 모양을 한 섬
이 떠 있었습니다. 그 섬의 꼭대기에는 대나무가 한 그루 자라고 있었는데,
낮이면 둘로 갈라졌다가 밤이 되면 신기하게도 합쳐져서 하나가 되는 것
이었습니다. 신문왕은 그 섬에 가봐야겠다고 생각하고 이튿날 정오로 행
차 계획을 세웁니다. 감은사에서 하룻밤을 묵고 섬으로 향하는 순간, 갑자
기 비바람이 몰아치기 시작하더니 7일이 지난 뒤에야 겨우 그치는 것이었
습니다.

이렇게 7일을 기다려서 신문왕이 섬으로 건너가자 어디선가 용이 한 마
리 나타나 검은 옥대를 왕에게 바치며 문무왕과 김유신이 보내는 선물이
라고 말해주었습니다. 신문왕은 대나무에 왜 그런 요상한 일이 벌어지는

지 용에게 물었습니다. 용은 손바닥도 한 손만 가지곤 소리를 낼 수 없지만, 두 손바닥이 마주치면 소리가 나듯이 대나무가 합쳐질 때 잘라서 피리를 만들면 나라에 좋은 일이 생길 것이라고 말합니다. 대나무를 베어서 섬을 나오자 섬과 용은 휘리릭하고 흔적도 없이 사라졌다고 합니다.

신문왕은 용이 가르쳐준 대로 돌아와서 대나무로 피리를 만들었고 나라의 보물을 넣어두는 월성의 천존고에 보관해 두었습니다. 그러다 나라에 적군이 쳐들어올 때 피리를 부니 과연 적군이 스스로 물러가고, 가뭄이 들 때 불면 비가 내리고, 홍수가 나면 비가 그치고, 성난 파도도 잠재우고, 거센 바람도 그치게 하고, 전염병도 고쳐지는 놀라운 기적이 일어나 나라가 평안해졌다고 하네요. 이런 만파식적이 지금도 하나 있었으면 참 좋겠습니다.

이렇게 귀한 보물이니 나라에서는 만파식적을 국보로 삼고 천존고에 철통 보안을 해 고이 모셔두었겠지요. 그런데 효소왕 때, 만파식적 분실사건이 일어납니다.

효소왕은 신문왕의 아들이지요. 효소왕은 어린 시절부터 똑똑하고 효심도 깊은 왕이었습니다. 아버지의 뜻을 이어 왕권을 강화하고, 나라를 지키기 위해 화랑도를 모집하고 부례랑을 국선으로 삼았습니다. 어느 날 부례랑은 낭도들을 데리고 신라 북부 쪽으로 전지훈련을 나갔습니다. 그런데 그만 말갈족을 만나 부례랑과 안상만이라는 두 사람은 그만 포로가 되어 잡혀가고 맙니다. 그러나 신라에는 만파식적이 있지 않습니까! 효소왕은 당장 만파식적을 대령하라 명하였습니다. 그런데 이게 웬일입니까? 철통같은 보안을 해 두었건만 만파식적과 거문고가 사라진 것입니다. 효소왕은 당장 만파식적 수배령을 내렸습니다. "만파식적과 거문고를 찾아오는 사람에겐 일 년 동안 세금을 면제해 주겠노라!" 이렇게 곳곳에 방을 붙이고 말이지요. 그래서 백성들은 만파식적의 실체에 대해서 의심하다가 정말 있구나 하고 인정하게 되었다네요.

아무튼 부례랑이 납치되었으니 그 부모는 얼마나 애가 탔겠습니까? 백률사라는 절에 가서 매일 아들의 무사 귀환을 기도했습니다. 그렇게 기도한 지 두 달이 지난 어느 날, 고개를 들어 보니 관음상 앞 탁자 위에 만파식적과 거문고가 놓여있고, 그 뒤로 부례랑과 안상만이 서 있더랍니다. 도둑맞았던 것이 아니고, 만파식적과 거문고가 부례랑과 안상만을 찾으러 갔던 것이었지요. 두 사람의 이야기를 들어 보니, 포로가 된 두 사람 앞에 한 스님이 나타나 따라오라고 해서 갔더니 만파식적과 거문고를 타고 이곳까지 날아오게 되었다는 것입니다.

잃어버렸던 나라의 보물과 함께 두 사람을 찾은 효소왕은 백률사에 상으로 전답을 내려주었습니다. 그러고 나서 한 달쯤 지난 뒤, 신라 하늘 동쪽에서 혜성이 나타나는 사건이 두 차례 일어납니다. 신하들은 만파식적과 거문고가 큰 일을 했는데, 백률사에게만 상을 내려줘서 그런 거라며 건의를 하지요. 그제야 효소왕은 만파식적에게 벼슬을 내리며 "이제부터는 만파식적이 아니라 더 큰 일을 했으니 만만파파식적이라 하라!"고 했다네요. 그래서 만파식적이 '만만파파식적'으로 불리게 되었답니다.

만파식적 설화에 얽힌 이런 기록은 『삼국유사』와 『삼국사기』에서 찾아볼 수 있습니다. 대나무가 재료라는 것, 가로로 부는 악기였다는 점으로 보아 오늘날의 대금이 아닐까 미루어 짐작합니다. 하지만 가로로 부는 피리는 고구려와 백제에도 있었습니다. 따라서 만파식적 설화가 대금의 시초라고는 볼 수 없지만, 고구려와 백제의 악기가 통일신라에서도 수용되어 널리 쓰였다는 사실은 알 수 있습니다. 그리고 이름과 설화에서 볼 수 있듯이 대금이라는 악기는 큰 파도를 잠재울 만큼 매력적인 소리를 가진 악기임이 틀림없습니다. ♣

[청성곡 – 대금 독주] 인간문화재 고 김성진 명인의 대금 〈청성곡〉입니다. 1959년에 녹음한 연주곡으로 국악음반박물관에 소장되어 있어요.

[청성곡 – 대금 독주] 대금 명인 박용호가 연주하는 〈청성곡〉을 들어 보세요.

[청송곡 – 단소 연주] 〈청성곡〉은 꼭 대금으로만 연주하는 곡이 아니에요. 이번에는 단소로 연주한 청성곡을 들어 보면서, 대금으로 들었을 때와 어떤 느낌이 다른지 비교해 보세요.

[천년학 – 영화 서편제 중] 가수 김수철이 작곡하고 편곡한 〈천년학〉입니다. 서편제의 영화음악으로 사용되며 유명해진 곡이죠.

[피아노와 대금 연주 – 청] 피아노와 대금을 위한 〈청〉은 작곡가 김대성이 만든 곡이에요. 이 곡에서는 대금이 아주 멋지고 화려하게 연주돼요. 피아노와 함께 연주되면서, 대금의 특별한 소리와 기교를 더 잘 느낄 수 있답니다.

[대금 협주곡 – 풀꽃] 대금 협주곡 〈풀꽃〉입니다. 관현악단의 연주를 뚫고 나오는 멋있는 대금 소리를 감상해 보세요.

▶ 스마트폰으로 책 속의 QR코드를 찍으면 저자 선생님이 추천하는 음악이나 공연실황, 또는 교육콘텐츠들에 바로 접속할 수 있습니다.

선비들이 즐겨 듣던 음악

인도에 가면 영취산이란 곳이 있습니다. 산 정상 바위의 모습이 독수리를 닮았다고 해서 인도 이름으로 그리타쿠타(독수리바위)인데 이것을 한자어로 바꾸어 영취산靈鷲山이라고 부른다고 하네요. 영취산의 '취鷲'가 '독수리 취' 자거든요. 이 산이 유명한 이유는 석가모니가 많은 제자들을 가르쳤던 곳이기 때문입니다. 그리고 석가모니가 제자들에게 설법을 전하던 모임을 영산회상靈山會上이라고 했습니다.

영산회상 중 부처님께서 갑자기 꽃 한 송이를 높게 들어 올리셨다고 합니다. 무슨 말씀을 하시려나 하고 제자들은 어리둥절 쳐다보았지만, 아무런 말씀이 없으셨대요. 그런데 제자 중 가섭만이 그 뜻을 알아듣고 빙그레 웃음을 지었다네요. 말하지 않았는데도 눈빛만으로 그 뜻을 알아챈 가섭이 얼마나 기특했는지 부처님은 자신의 깊은 뜻을 늘 가섭에게 전했다고

합니다. 여기서 꽃을 들어 보이
자 미소를 짓는다는 뜻의 염화
미소拈華微笑, 마음에서 마음으
로 전한다는 뜻의 이심전심以心
傳心이란 말이 나왔다고 하네요.

그리고 언제부터였는지 알
수 없지만, 부처님의 영취산 가
르침을 기리기 위해서 노래가
만들어졌습니다. '영산회상불
보살靈山會上佛菩薩'이라는 일곱
글자를 천천히 부르던 불교 음
악이었지요. 그 음악의 제목은
〈영산회상〉이었습니다.

영산회상도는 부처님이 말씀을 전하는 모습을 그린 불화입니다.

세월이 흘러 가사는 사라지고 기악곡 형태의 〈영산회상〉만이 남게 되었
습니다. 선비들은 책을 읽다가 틈틈이 〈영산회상〉을 연주하고, 풍류방에서
도 이 음악을 즐깁니다. 유교 국가에서 불교음악이 히트를 쳤다니 희한한
일이지요? 조선의 선비들은 〈영산회상〉을 정신수양의 연장으로 보고, 가장
선비다운 음악으로만 생각했기 때문에 가능한 일이었을 것 같습니다.

아무튼, 〈영산회상〉의 인기는 식을 줄 모르고 세월이 흐를수록 더욱 많
이 연주되고 사랑을 받았습니다. 그런데 그냥 계속 같은 곡을 연주하기에
는 좀 지루했나 보죠? 음을 전체적으로 올려서 연주해 보고, 낮게 내려서
연주해보고, 빠르게도 연주해 보고, 재미없다고 생각하는 부분은 빼고 연

주해 보고, 이 악기 저 악기로 연주해 보고, 곡을 더 붙여서 연주도 해 봅니다. 이렇게 저렇게 연주하다 정말 괜찮다 싶은 곡들이 차츰 쌓이게 됩니다. 처음에 〈영산회상〉은 상령산 뿐이었습니다. 그런데 한 곡 한 곡 덧붙여지면서 지금은 총 9곡 정도의 모음곡이 되었습니다. 순서를 한번 볼까요? 상령산, 중령산, 세령산, 가락더리, 상현도드리, 하현도드리, 염불도드리, 타령, 군악입니다. 상령산부터 느리게 시작해서 알 듯 모를 듯 슬쩍슬쩍 빨라지더니 타령과 군악에서는 꽤나 흥이 나는 음악이 연주됩니다. 이렇게 느리게 시작되어서 점점 빨라지는 형식은 우리 음악에서 자주 나타납니다. 또한 이 곡은 각기 성격이 다른 현악기를 중심으로 연주하는 〈현악영산회상〉과 관악기를 중심으로 연주하는 〈관악영산회상〉, 현악영산회상을 낮게 조옮김해서 변화시킨 〈평조회상〉, 이렇게 세 개의 영산회상으로 나뉘게 되었습니다.

현악영산회상의 다른 이름은 '거문고 회상', '중광지곡'입니다. 말 그대로 현악기가 중심이 되어 연주하는 곡인데, 그중에서도 거문고가 중심이 되며, 총 9곡이 연주됩니다. 처음 시작할 때 거문고가 "슬~기둥" 하며 혼자 천천히 독주로 시작을 하다가 차차 모든 악기들이 함께 연주하게 됩니다. 하현도드리가 연주되는 영산회상은 〈현악영산회상〉뿐입니다.

〈관악영산회상〉은 관악기가 중심이 되겠지요? 향피리를 중심으로 하여 관악합주나 삼현육각의 악기편성으로 연주하며, 무용의 반주 음악으로도 많이 사용합니다. 하현도드리를 뺀 8곡만 연주하며, 다른 이름으로는 삼현영산회상, 표정만방지곡이라 부르기도 합니다. 이 곡도 〈수제천〉처럼 피리가 쉬는 동안 대금, 소금, 해금, 아쟁 같은 악기들이 선율을 이어 연주하는 연음 형식으로 되어 있습니다.

〈평조회상〉은 〈현악영산회상〉을 4도 아래로 낮게 조옮김해서 변화시킨 음악입니다. 다른 이름은 유초신지곡, 취태평지곡이고, 하현도드리는 음이 지나치게 낮아지기 때문에 연주하지 않습니다. 대규모의 관현악 편성으로도 연주하고, 독주곡이나 중주곡으로도 많이 연주합니다.

사람의 뇌는 각각 다른 역할을 담당한다고 합니다. 좌뇌는 언어와 논리 부분을, 우뇌는 감성적 능력을 담당하는데, 음악을 들을 때 선율은 우뇌,

서민들의 악기 연주 – 산조 / 시나위 / 풍물놀이

우리나라의 서민들이 즐겨 듣던 악기 연주 음악에는 산조, 시나위, 그리고 풍물놀이가 있습니다. 우리 조상들의 생활 속에서 함께해 온 소중한 문화유산이에요.

산조散調는 바이올린 독주처럼 기악 독주곡 형식의 연주음악입니다. 가야금산조, 거문고산조, 대금산조, 해금 산조, 피리산조 등이 가장 많이 연주되고, 아쟁산조, 단소산조, 퉁소산조 등도 연주됩니다. 항상 장구의 반주가 따르는 것이 특징입니다. 비교적 최근에 발생한 음악으로 19세기 말 김창조의 가야금산조를 그 시작으로 봅니다.

시나위는 무당이 굿을 하거나 노래를 부를 때 반주하던 음악이 발전한 것으로 보고 있습니다. 가야금, 거문고, 해금, 아쟁, 피리, 대금 등으로 연주하는 기악 합주곡입니다. 마치 재즈처럼 일정한 장단 안에서 즉흥적이고 자유롭게 연주하는 특징을 가지고 있어요.

풍물놀이는 주로 농부들 사이에서 행해지던 우리나라 고유의 민속 문화입니다. 북, 장구, 꽹과리, 징, 나발, 태평소 따위를 치거나 불면서 춤추고 노래합니다. 풍물은 이 음악에 쓰는 물건物件, 즉 꽹과리, 징, 장구, 북을 가리킵니다. 농사를 지으며 흥을 북돋기 위한 노동 음악의 성격과 풍년을 기원하고 재앙을 막기 위한 전통 신앙의 성격을 가집니다.

리듬은 좌뇌가 담당한다고 합니다. 그래서 상령산 같은 느린 음악은 좌뇌를 자극하여 지구력을 길러 주고, 사고력의 발달을 도와주겠지요? 평소에 느린 음악을 즐겨 듣는 사람은 좌뇌가 많이 발달한 사람이라고 볼 수 있습니다. 오늘부터라도 〈영산회상〉을 열심히 들어 보세요. 여러분의 좌뇌가 활성화되는 것은 물론, 자꾸 들을수록 〈영산회상〉의 아름다움도 더 크게 느껴질 겁니다.

〈영산회상〉을 처음 들어 본다구요? 확신할 수 있나요? 분명 처음 듣는다고 해도 어디선가 들었던 것 같은 친숙함이 느껴질 겁니다. 사실 타령이나 군악 같은 곡은 텔레비전 사극의 결혼식 장면이나 연회 장면에서 많이 연주되곤 하지요.

〈영산회상〉의 나이는 300살이 훨씬 넘었습니다. 또한 세월이 지나면서 계속 변하고 덧붙여졌습니다. 나무가 나이테를 갖게 되듯이 〈영산회상〉도 한 곡 한 곡 나이테를 그려나가며 지금의 아름드리 큰 나무가 된 것이지요. 궁금하지 않나요? 이 음악에 도대체 무슨 매력이 있기에 이토록 긴 세월 동안 사랑받고 변신에 변신을 거듭하며 연주되었는지 말입니다.

영국의 기타 연주자 게리 무어

게리 무어라는 기타리스트가 있습니다. 1952년 영국에서 태어난 게리 무어는 안타깝게 2011년 심장마비로 죽었지만, 많은 히트곡과 환상적인 연주 실력으로 전 세계 사람들을 열광시켰습니다. 인터넷이 보편화되기 전 카세트테이프로

국립국악원 무용단 정기공연 '무원' 중 호적시나위 장면.

〈사진출처: 국립국악원〉

게리 무어의 〈파리지엔 워크웨이즈Parisienne Walkways〉를 듣게 되었는데, 눈으로 보지 않아도 현란한 손놀림이 마치 보이는 것 같았지요. 그리고 한이 서려 있는 듯한 음악 소리가 인상적이었습니다. 나중에 인터넷이 보편화된 후 동영상으로 공연 실황을 보니 관중들도 역시 그의 연주에 넋이 빠져 있었습니다. 그의 연주 실력과 음악을 동영상으로 접하니 게리 무어가 우리나라에 태어났다면 거문고 산조를 기가 막히게 연주하는 명인이 되었겠구나 하고 생각도 들더군요. 사람들이 특히 열광하고 빠져드는 부분이 있었는데, 연주자의 긴 호흡에 맞춰 한 음을 길게 뻗는 부분과 음악이 쉬고 있는 여백 부분이었습니다. 현란하게 연주하는 부분이 아니고 말이지요. 무엇이 사람들을 열광하게 하는 것이었을까요? 왜 사람들은 한음으로 지속될 때와 음악이 쉬는 순간에 감동을 받을까요?

〈영산회상〉 중 타령과 군악은 처음 들을 때부터 좋았습니다. 이상하게 이유도 없이 마음을 끌어당기는 곡이었지요. "하필이면 왜?"라고 묻는다면 이것저것 변명 같은 이유를 대겠지만 그냥 좋은 곡이었습니다. 그리고 항상 이 두 곡을 듣다 보면 게리 무어의 〈파리지엔 워크웨이즈〉도 같이 떠올랐지요. 아마 한 음을 길게 뻗는다든지, 한국음악이 주는 여백의 느낌 때문이었던 것 같습니다. "난 아직 국악을 몰라.", "정악은 안 들어봤는데…"라고 얘기하시는 분들은 타령, 군악부터 들어 보시라고 권하고 싶습니다. 단지 제가 좋았기 때문이니 다른 곡을 먼저 듣고 싶다면 그렇게 하셔도 됩니다. ♣

[관악영산회상과 현악영산회상] 〈영산회상〉에 대한 자세히 설명해 주는 영상이에요. 국립국악원 정악단이 연주하는 관악 〈영산회상〉과 현악 〈영산회상〉을 함께 들을 수 있어서, 두 가지 다른 느낌의 연주를 비교하며 감상할 수 있어요.

[신 영산회상] 원래 곡을 다양한 악기와 리듬으로 새롭게 만든 〈新(신) 영산회상〉 연주입니다.

[관악형상회상과 평조회상] 국립국악원 정악단의 관악 〈관악영산회상〉과 〈평조회상〉을 설명과 함께 들어 보세요.

▶ 스마트폰으로 책 속의 QR코드를 찍으면 저자 선생님이 추천하는 음악이나 공연실황, 또는 교육콘텐츠들에 바로 접속할 수 있습니다.

벽계수는 왜 말에서 떨어졌을까?

#송도기생황진이 #청산리벽계수야 #시조_가곡_가사
#평시조_지름시조_사설시조 #만대엽_중대엽_삭대엽 #동창이밝았느냐
#남구만 #한우_임제

벽계수는 세종대왕의 증손자입니다. 세종대왕은 모두 18명의 아들과 4명의 딸을 두었다고 하는데요, 벽계수는 세종대왕의 17번째 아들인 영해군의 손자라고 하네요. 어려서부터 공부도 열심히 하고, 행동도 바르다고 소문이 난 사람이었다고 합니다. 당시 송도에 사는 황진이라는 기생에 대해 소문이 자자해서 주위사람들이 모두 황진이를 만나려고 송도에 한 번쯤은 다녀온 모양입니다. 그런데 벽계수는 이 사람들을 한심하게 생각하고, 자신은 절대 황진이에게 넘어갈 일이 없다고 큰소리를 뻥뻥 치곤 했지요.

황진이는 신분은 기생이었지만 글짓기, 그림, 노래, 악기, 춤, 상식, 재치 등 다방면에 재능을 갖추고 있었습니다. 게다가 외모까지 출중했으니 그 인기가 조선 전체에 퍼져 모르는 사람이 없었겠지요. 황진이가 마음만 먹

2006년 방영한 KBS 드라마 「황진이」의 타이틀　　2007년 개봉한 영화 「황진이」의 포스터

었다 하면 안 넘어오는 남자가 없었다고 합니다.

그러다 보니 자신에게 관심이 없다는 벽계수가 좀 궁금해졌나 봅니다. 송도에 오기만 해보라 하고 벼르고 있었겠지요. 그러던 어느 날, 벽계수가 송도에 올 일이 생겨 버렸습니다. 말을 타고 황진이 집 근처를 지나가다가 드디어 황진이를 슬쩍 보게 됩니다. 그러나 벽계수는 흔들리지 않고 유유히 그 자세 그대로 가던 길을 가지요. 이제 다리를 건너려는 찰나, 뒤에서 낭랑한 목소리가 들려옵니다.

청산리 벽계수야 수이 감을 자랑 마라
일도 창해하면 다시 오기 어려워라
명월이 만공산하니 쉬어 간들 어떠리

이 시를 듣고 벽계수는 자신도 모르게 그만 뒤를 돌아보다가 말에서 떨어지고 맙니다. 무심한 척했으나 사실은 황진이를 많이 의식하고 있었나 봅니다. 그 모습을 본 황진이는 "그러면 그렇지" 하고 집으로 쏙 들어가 버

조선시대 양반들이 즐기던 노래 – 정가(시조/가곡/가사)

조선시대에는 양반이나 관료 같은 상류층 사람들이 즐겨 부르던 전통 노래들이 있었는데, 대표적으로 시조, 가곡, 가사가 있어요. 이 세 가지를 통틀어 정가(正歌)라고 부르기도 해요.

시조는 옛날 조선시대에 양반들이 즐겨 부르던 우리나라 전통 시입니다. 초장, 중장, 종장이라는 세 부분으로 나뉘며, 정해진 글자 수에 맞춰 지어졌습니다. 처음에는 평탄하게 부르는 평시조만 있었지만, 시간이 지나면서 높은 소리로 시작하는 지름시조와 글자 수가 많고 자유로운 사설시조도 생겨났습니다. 사설시조는 말이 많아 리듬이 복잡하지만, 표현이 더 자유롭고 재미있습니다. 즉, 시조는 글로만 읽는 것이 아니라, 가락을 붙여 노래처럼 불렀던 시였습니다.

가곡은 조선시대 선비들이 풍류를 즐기며 부르던 격식 있는 노래입니다. 느리고 길게 부르는 특징이 있어서 '만년 장환지곡'이라는 별명도 있었습니다. 원래는 만대엽, 중대엽, 삭대엽이라는 세 가지 형식이 있었지만, 지금은 가장 빠른 삭대엽만 남아 있습니다. 시조는 3장으로 되어 있지만, 가곡은 5장으로 구성되어 있고, 관현악 반주와 함께 부르는 것이 특징입니다. 반면, 시조는 손장단이나 장구 반주만으로도 간단하게 부를 수 있습니다.

가사는 시조보다 형식이 자유롭고, 시와 산문의 중간 형태를 가진 전통 노래입니다. 가락과 장단이 다양하고 자유로워서 서민들도 즐길 수 있었던 음악입니다. 가곡과 비슷한 발성법을 사용하지만, 음을 꾸미는 부분이 많고 표현이 풍부합니다. 내용도 자유롭고 연주 방식도 다양해서 많은 사람들이 쉽게 접할 수 있었습니다.

렸구요. 벽계수는 굉장히 부끄럽고 망신스러웠겠지요. 그냥 지나쳤으면 좋았을 것을, 뒤 한번 잘못 돌아본 탓에 대히트를 친 이 시조가 노래될 때마다 벽계수의 이야기가 사람들 입에 오르내리게 됐네요. 그래서 이 시조는 '벽계수 낙마곡'이란 별칭도 갖게 되었습니다.

무엇이 벽계수를 말에서 떨어질 만큼 화들짝 놀라게 했을까요? 시의 내용은 이렇습니다.

푸른 산에 흐르는 맑은 시냇물아

쉽게 가는 것을 자랑하지 말아라.

한번 넓은 바다까지 흘러가면

다시 돌아오기 어렵다.

밝은 달이 빈 산에 가득하니

쉬어 가면 어떻겠는가.

이 시는 그 속에 또 하나의 뜻을 품고 있습니다. 벽계수와 명월(황진이의 기명)의 이름을 넣어 벽계수에게 "이대로 그냥 가면 후회할 걸~" 하고 얘기하고 있는 거지요. 빼어난 외모에 이토록 번뜩이는 재치로 시를 읊으니 벽계수도 정신을 놓아버릴 수밖에요!

동창이 밝았느냐 노고지리 우지진다

소치는 아해놈은 상기 아니 일었느냐

재 너머 사래 긴 밭을 언제 갈려

이 시조는 들어봤지요? 시조 하면 역시 "동창~~~이" 하고 시작하는 약천 남구만의 시조가 떠오릅니다. 남구만은 숙종 때 영의정까지 올랐으나 말년에 당파 싸움이 심해지자 관직에서 물러나 자연에 묻혀 살았다고 합니다.

한 번쯤은 들어봤을 대표적인 시조입니다. 이번에는 "청산리 벽계수야"를 듣고 이어서 한번 들어 보세요. 처음 시작만 들으면 같은 노래처럼 들리지요? 위의 두 시조는 평시조로, 가장 기본이 되는 시조입니다. 평시조는 시작 음을 평탄한 음으로 시작하고, 같은 가락에 가사만 바꿔서 부르는 것이 특징이지요. 그래서 같은 노래처럼 들린 것입니다.

그리고 위의 마지막 어구를 보면 "언제 갈려"로 끝났지요? 원래 시에는 "언제 갈려 하나니"로 끝납니다. 하지만 노래로 부를 때는 마지막 어구를 생략하고 부르지 않습니다. 청산리 벽계수야~를 부를 때에도 제일 마지막 어구인 "어떠리"를 부르지 않고, "쉬어 간들" 하고 끝난답니다.

그런데 들어 보니, 솔직히 무슨 소리인지 잘 못 알아듣겠다구요? 뭔가 길게 늘여서 부르는 것 같기는 한데 말이에요. 시조를 부를 때는 앞 음절에 나오는 뜻이 있는 말은 늘이지 않고 짧게 부르는 반면, 뒤에 붙는 말만 길게 늘여 부른답니다. "청산~~~~리이이이", "동창~~~~~이이이이" 하는 식으로 말이지요. 그리고 모음은 나눠서 발음합니다. '애', '에', '외'같은 모음들은 '아이', '어이', '오이' 이렇게 말이에요. 그래서 "일도 창해"를 "일도 창하이", "재 너머 사래"를 "자이 너머 사라이" 이렇게 발음한답니다. 어때요, 재미있지요? 이런 원칙을 생각하면서 시조를 찬찬히 한번 들어 보시면 좀 더 즐기면서 감상할 수 있을 거예요!

황진이가 정말 보통 사람은 아니었나 봅니다. 친척도 아니고 친한 사이도 아니었는데도 죽은 황진이의 무덤에 들러 추모 시를 짓고 애도한 사람이 많았어요. 황진이보다 나이도 한참 어리고, 한 번도 만나 본 적도 없으면서 말이에요. 더군다나 누구는 이 일로 관직에서 쫓겨나기까지 했다고 하네요!

낭만을 알고, 법도에 얽매이지 않는 사나이 임제林悌가 바로 그런 사람이었습니다. 서로 헐뜯고 싸우는 당파 싸움이 싫어 벼슬도 마다한 채, 전국을 돌아다니며 술과 시를 즐기고 수많은 작품을 남겼지요. 사람들은 그를 기인으로 여겨 멀리했지만, 임제의 뛰어난 글솜씨는 누구나 인정할 수밖에 없었답니다.

임제는 전국의 좋다고 소문난 곳이며 유명한 기생들을 찾아다녔습니다. 게다가 잘생기기까지 한 한량 임제는 가는 곳마다 인기여서 많은 여인들이 애간장을 태웠다고 하네요. 이런 그의 인기에는 탁월한 글솜씨 또한 한몫했습니다. 오늘날로 치면 뛰어난 작사 작곡 능력에 노래도 잘하는 꽃미남 아이돌이었지요.

한우寒雨라는 기생은 뛰어난 미모와 재능으로 뭇 사내들에게 연모의 대상이었습니다. 寒雨는 '찬비'라는 뜻인데, 기명만으로도 그녀의 콧대 높고 차가운 성격을 미루어 짐작할 수 있습니다. 아무에게나 마음을 주지 않는 도도한 그녀가 술상을 앞에 두고 임제와 마주 앉았습니다. 임제는 그녀에게 시 한 수를 건넵니다.

북천北天이 맑다커늘 우장雨裝없이 길을 나니
산에는 눈이 오고 들에는 찬비로다

오늘은 찬비 맞았으니 얼어잘까 하노라

요즘 우리말로 풀어 써 보면 이렇습니다.

북쪽하늘이 맑다고 하기에 비옷도 없이 길을 나섰더니
산에는 눈이 오고, 들에는 차가운 비가 내리는구나.
오늘은 차가운 비를 맞았으니 춥게 자겠구나.

짐작하셨나요? 시 속의 '찬비'는 '차가운 비' 외에 '한우'라는 이름을 풀어쓴 겁니다. 시를 건네받은 한우의 마음이 움직입니다. 좋아하는 마음을 저렇게 낭만적으로 표현하다니, 차가운 그녀라도 어찌 마음이 움직이지 않을 수 있겠습니까?

이 시조는 1960년대 죽헌竹軒 김기수가 새로운 가락을 붙여 노래로 불리면서 시조의 인기곡이 되었습니다. 가요 중에서도 이 곡을 새롭게 편곡해서 노래한 경우도 있구요, 전통 국악곡과는 또 다른 새로운 느낌이 드는 곡이니 다양하게 들어 보시길 권합니다. ♣

[동창이 밝았느냐 – 이상래 명인] 충청북도 무형문화재로 지정된 '석암제 시조창'의 이상래 명인이 77세였던 2021년에 녹화한 소중한 영상이에요.

[동창이 밝았느냐 – 교과서 속 우리음악] 평시조는 높지도 않고, 낮지도 않게 시작한다고 해서 평시조라고 불러요. 숙종 때 남구만이 지은 평시조 〈동창이 밝았느냐〉를 국립국악원의 '교과서 속 우리음악' 영상으로 들어 보면 평시조의 느낌을 더 잘 알 수 있어요.

[청산리 벽계수야 – 대금 반주] 시조창에는 꼭 장구만 반주해야 한다는 생각은 편견! 대금이라는 관악기로 반주하는 시조창도 있어요. 장구 반주를 직접 연주하며 시조창을 부르니 소리에 더욱 집중하게 됩니다.

[청산리 벽계수야 – 경기민요 편곡] 황진이라는 조선시대 여류 시인이 지은 시조 〈청산리 벽계수야〉와 경기민요 〈노랫가락〉에 나오는 같은 가사를 한 곡으로 새롭게 편곡해서 불렀어요. 시조의 느낌과 민요의 감성이 한 곡 안에서 어우러지는 특별한 공연이에요.

[계면조 계락] 이 곡은 '계면조 계락'이라는 가곡이에요. 거문고, 대금, 피리, 장구 같은 전통악기들이 함께 연주하면서, 조용하고 깊은 느낌을 줍니다.

[북천이 맑다커늘 – 삼중창] 세 사람이 함께 부른 〈북천이 맑다커늘〉. 서로 다른 목소리가 어울려서 아름다운 화음이 만들어집니다.

[찬비가] 장서윤의 '찬비가'. 〈북천이 맑다커늘〉을 편곡한 곡입니다. 기타와 북 같은 타악기 반주가 잘 어우러지면서 잔잔하면서도 감성적인 분위기가 느껴집니다.

[북천이 맑다커늘 – 청춘국악 모던풍류] 젊은 국악인들로 이루어진 '청춘국악 모던풍류'의 〈북천이 맑다커늘〉입니다. 전통음악을 새롭게 표현한 색다른 무대랍니다!

[북천이 맑다커늘 – 브라운 아이드 소울] R&B 그룹인 브라운 아이드 소울이 부른 〈북천이 맑다커늘〉은 전통 노래에 현대적인 느낌을 더해서 색다른 감성을 느낄 수 있어요.

[북천이 맑다커늘 & 어이얼어자리] 2015년에 있었던 이윤진의 '아정한 노래' 공연 실황이에요. 전통 성악인 정가를 다양한 방식으로 들려주는 특별한 무대입니다.

[북천이 맑다커늘 – 합창] '정가단 아리'라는 팀이 여러 사람이 함께 부른 합창 버전 〈북천이 맑다커늘〉. 여러 목소리가 어우러져서 웅장하고 아름다운 느낌이 들어요.

[북천이 맑다커늘 – 프로젝트 영상] 바깥 풍경과 함께 찍은 멋진 영상이에요. 부천문화재단과 시민미디어센터의 도움으로 만들어졌고, 프로젝트 이름이 재미있게도 '부천이 맑다커늘'이에요!

▶ 스마트폰으로 책 속의 QR코드를 찍으면 저자 선생님이 추천하는 음악이나 공연실황, 또는 교육콘텐츠들에 바로 접속할 수 있습니다.

戒 [illegible]

[illegible] 오이 [illegible] 모디니

[illegible]

다른거슬 [illegible]

兒편 雜爭 [illegible]

배며지불ㅅ [illegible]

庇嫌疑 라니

예블오디무ㅅ [illegible]

[illegible] 내요미 [illegible]

[illegible] 두릿조 [illegible]

坐能 [illegible]

기쁨도 슬픔도
다 노래가 된다!

♫ 무슨 아리랑이 이렇게 많지?

♫ 할머니의 할머니의 할머니가 부르던 노래

♫ 빙글빙글 돌며 밤 새워 놀아 보자

♫ 태평소로 왜병을 물리친 곽재우 장군

♫ 국악계의 한류스타

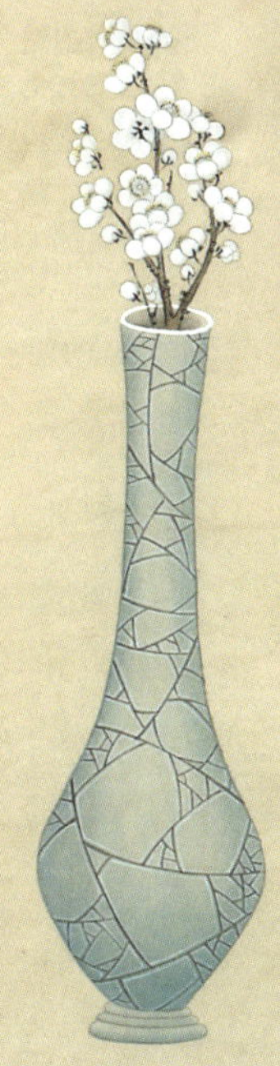

무슨 아리랑이 이렇게 많지?

참 신기하고 재미있는 노래가 있습니다. 한국인이라면 누구나 다 아는 노래, 한국을 대표할 수 있는 노래지만, 한국인이 한자리에서 동시에 이 노래를 부른다면 모두 똑같은 곡을 부르진 않을 겁니다. 그리고 곡이 같다고 해도 저마다 다른 가사를 부르다가 후렴쯤 되는 곳에서는 "아리랑~ 아리랑~" 하며 또 같은 가사로 부르겠지요.

곡은 다른데 모두 '아리랑'이라는 같은 이름을 가지고 있습니다. 이 노래도 아리랑, 저 노래도 아리랑이지요. 도대체 얼마나 많은 아리랑이 있냐고요? 〈밀양아리랑〉, 〈정선아리랑〉, 〈진도아리랑〉, 〈강원도아리랑〉, 〈긴아리랑〉, 〈별조아리랑〉 등등 각 지역마다 불리는 아리랑의 수가 전문가들 말로는 약 60여 종 3,600여 수에 이른다고 합니다.

아리랑 아리랑 아라리요

아리랑 고개로 넘어간다

나를 버리고 가시는 님은

십리도 못 가서 발병 난다.

오늘날 우리가 가장 많이 알고 있는 아리랑은 이런 가사를 가지고 있죠. 아리랑의 대표라고 할 수 있는 이 곡은 경기민요로 불렸던 〈아리랑〉입니다. 하지만, 이 곡이 아리랑을 대표하게 될 정도로 널리 불리게 된 것은 1926년 나운규 감독의 영화 「아리랑」의 주제곡으로 만들어지면서부터였습니다. 이후 수많은 아리랑 노래들과 구별하기 위해 이 곡에는 〈본조아리랑〉이란 이름이 붙여졌습니다. 하지만 본조아리랑이라고 해서 이 곡을 아리랑의 원조라곤 할 수 없습니다. 서울과 가까운 경기도에서 널리 불렸고 아리랑을 전국적으로 알린 노래이기 때문에 유명한 것이죠.

전국 곳곳에 아리랑이 있고, 한국인으로서 기쁠 때나 슬플 때나 가슴이 벅차오르는 자리에서 부르는 노래가 아리랑인 걸 보면, 아리랑이 우리 민족을 대표하는 노래라는 건 의심할 여지가 없는 것 같습니다. 아리랑은 그 역사성과 재창조성, 다양성을 인정받아 2012년 12월에는 유네스코 무형문화재로까지 등재되었습니다.

본조아리랑의 유래에 대해서는 30가지가 넘는 이야기가 있는데, 가장 대표적인 것은 1870년쯤 흥선대원군이 경복궁 중건 공사를 할 때 강원도에서 온 일꾼들의 〈정선아리랑〉을 듣고 서울의 전문 소리꾼들이 자신만의

영화 「아리랑」의 포스터

방식으로 고쳐 부른 것이 '경기아리랑'이라고도 부르는 본조아리랑이 되었다는 것입니다. 경복궁 공사를 계기로 여러 지역의 아리랑이 섞이게 되면서 변형이 이루어진 것이지요.

앞에서도 얘기했지만 〈본조아리랑〉이 전국적으로 퍼져서 한국인을 대표하는 음악이 된 그것은 1926년 나운규의 영화 「아리랑」에 이 노래가 나온 뒤부터 입니다. 나운규는 어린 시절 회령에서 자랐는데, 철도노동자들이 작업을 할 때 부른 아리랑이 항상 잊히지 않아 영화로 만들었다고 합니다.

서울로 유학 갔던 주인공 영진은 3·1운동에 참여했다가 고문으로 실성해서 정신이상자가 되어 고향으로 돌아옵니다. 고향에서 영진의 집은 일본 경찰 앞잡이인 오기호에게 빚을 지고 있었지요. 오기호는 이것을 빌미로 삼아 영진의 동생 영희와 결혼을 하려고 합니다. 하지만 영진의 친구인 현구와 사랑하는 사이인 영희가 호락호락하게 넘어갈 리가 없었겠지요. 어느 날, 오기호는 영희를 농락하려고 하다가 현구에게 현장을 들키게 됩니다. 현구와 오기호는 난투극을 벌이고, 그 자리에 영진이 나타나며 난투극에 휩쓸리게 됩니다. 영진은 결국 친일파 오기호를 살해하게 되고, 그 충격 속에서 다시 제정신을 찾게 됩니다. 정신은 돌아왔지만, 이미 살인자가 되어 버린 영진은 일본 경찰에게 체포됩니다. 그리고 영진이 마을 사람들이 지켜보는 가운데 포승줄에 묶여 아리랑고개를 넘어가는 마지막장면에서 아리랑이 울려 퍼집니다. 이렇게 영화의 배경음악으로 사용되면서 〈본조아리랑〉은 우리 민족의 역사적 고난을 상징하는 노래로 거듭나게 됩니다.

일제강점기의 핍박 받던 농촌의 현실과 일제에 고통받는 민중을 소재로 이 영화는 그 시기 우리 민족에게 감동 이상의 것을 주었습니다. 당연히 영화는 흥행에 성공했고, 더불어 아리랑은 영화와 함께 전국적으로 확산되어 오늘날 한국인이라면 다 아는 노래가 된 것입니다.

아리랑은 태어난 순간부터 지금까지 거듭나기를 계속해 왔습니다. 고려의 충신이었던 사람들의 한과 옛 임금을 그리워하는 마음을 그리던 노래로, 이루어지지 못한 가슴 아픈 사랑을 노래하는 곡으로, 아름다운 강산을 노래하는 곡으로, 힘든 일을 즐거운 마음으로 할 수 있게 힘을 주는 노래로, 억울하고 핍박받는 현실을 이겨내는 저항정신을 주는 노래로 말입니다. 이런 아리랑을 만든 사람은 한 사람이 아니라 우리 민족 모두였습니다.

아리랑이 정확하게 언제, 어디서, 누구로부터 시작되었는지 정확한 기록은 없습니다. 아직도 많은 사람들이 아리랑의 유래에 관해 이야기하지만 뭐가 맞는지 아직은 알 수가 없습니다. 하지만, 신기하게도 아리랑은 아직까지 만들어지고 있고, 악보 없이도 계속 전해지는 살아있는 노래입니다.

■ 아랑의 전설과 밀양아리랑

한밤중, 방안에서 촛불을 밝히고 책을 읽는 사람의 모습이 보입니다. 갑자기 휙~ 한줄기 날카로운 바람이 불더니 촛불이 꺼집니다. 곧이어 여자의 흐느끼는 울음소리가 들리고 긴 머리를 앞으로 내려뜨린 소복을 입은 처녀 귀신이 스윽 나타나네요. 멀쩡하게 걸어오거나 그 자리에 서 있어도 되겠건만, 발도 움직이지 않고 앞으로 확확확 다가옵니다. 아침이 되자 그 방 안에서는 책을 읽던 사람이 시체가 되어서 나오지요. 그 방 안에 있었던 사람은 밀양의 부사였습니다. 그 일이 있고 난 뒤, 몇 차례나 그 고을의 부사가 새로 부임하지만, 하룻밤을 못 넘기고 죽어 버렸습니다. 그때 부임한 새로운 부사! 앞선 부사들보다 젊고, 경력도 없고, 도무지 부사가 될 사람은 아니게 생겼습니다. 주변 사람들 모두가 내일 아침 송장 치를 준비를 하느라 관을 짜고 불쌍한 듯이 신임 부사를 쳐다봅니다. 그런데 다음 날, 이 신임 부사가 멀쩡한 얼굴로 방에서 나와 주변 사람들을 놀래키지요. 그리고 관노 하나를 불러 "네 죄를 네가 알렸다~" 하고 시작해서 사건을 멋지게 해결합니다.

일을 해결한 후, 신임 부사는 밤에 있었던 일을 이야기합니다. 밤마다 나타난 처녀 귀신은 그 고을의 아랑이라는 처녀였습니다. 아랑은 예전 밀양의 부사 딸이었는데, 고을 청년들이 너도나도 기웃댈 만큼 아름다웠나 봅니다. 그 관아에서 일하던 젊은 관노도 아랑을 사모했지요. 어느 날, 관노는 아랑의 유모를 매수해 아랑을 영남루란 곳으로 유인해서 마음을 고백했지만 받아들여지지 않았고, 순간 관노는 아랑을 죽여 남모르게 숲속에 묻어 버렸다는 것입니다.

지금도 그 유래를 정확히 알 수 없는 아리랑이란 말이 아랑에서 나왔다는 얘기도 있습니다. 밀양 지방에서 이런 아랑의 안타까운 사연을 노래로 지어 부른 것이 〈밀양아리랑〉이라는 것이죠. 아랑의 전설은 지금도 옛이야기로 전해지고 텔레비전 드라마 같은 곳에서 많이 등장하지만, 이것이 정

말 〈밀양아리랑〉의 유래인지는 확실하지 않습니다. 하긴, 이렇게 슬픈 유래
에 비하면 〈밀양아리랑〉이 지나치게 밝은 노래인 것 같기도 하죠?

날좀보소 날좀보소 날좀보소
동지섣달 꽃본듯이 날좀보소
아리아리랑 쓰리쓰리랑 아라리가 났네
아리랑 고개로 날 넘겨주소

■ 망국의 한을 담은 노래 정선아리랑

지금으로부터 600년도 더 된, 조선 건국 직후의 일입니다. 고려왕조를
섬기던 신하 중 72명이 두 임금을 섬길 수 없다며 개성에 있는 두문동으
로 들어갑니다. 그리고 태조 이성계가 아무리 설득해도 그곳에서 나오질
않았습니다. 이때부터 어느 곳에 한 번 들어갔다가 영 소식이 없을 때 두
문불출杜門不出이라는 말이 생겼습니다.

그리고 그중 일곱 명의 신하(전오륜, 김충한, 고천우, 이수생, 신안, 변귀수, 김
위)가 강원도 정선 땅으로 은거지를 옮기어 죽을 때까지 산나물을 뜯어 먹
고 고려의 임금에 대한 충절을 다짐하며 살았습니다. 절대 쉽지 않은 상황
이었겠지요. 두고 온 가족과 지난날에 대한 그리움, 고향 생각에 그들은 그
비통한 심정을 노래로 지어 부르게 되었습니다. 그것이 오늘날 전해지고
있는 〈정선아리랑〉의 가락이라고 합니다. 이렇게 긴 역사를 가졌으니 수많
은 아리랑 중에서 가장 전통 있는 아리랑이라 할 수 있습니다.

〈정선아리랑〉은 한 가지의 일이나 하나만의 전설을 소재로 하지 않고,

시대에 따라 소재들도 많이 바뀌어 불렸는데요, "눈이 올라나 비가 올라나~"로 시작하며 걱정하는 내용이 많은 가사도 있고, 정선의 자연과 산수를 노래한 가사, 남녀 사이의 안타까운 사랑을 노래한 가사, 세월의 속절없음을 노래한 가사 등 종류가 많습니다. 처음에는 아리랑이라 불리지 않고 "정선 아라리"라고 불리다가 조선 후기 "아리랑~ 아리랑~" 하는 후렴구가 붙여지게 되어 정선아리랑이라고 이름이 바뀌고, 오늘날과 같은 모습을 갖추게 되었습니다.

아우라지 뱃사공아 배좀 건네주게
싸리골 올동백이 다 떨어진다.
아리랑 아리랑 아라리요
아리랑 고개고개로 날 넘겨주게

위의 가사는 〈정선아리랑〉 중 남녀의 사랑을 노래한 가사입니다. 이 가사의 유래는 정선 아우라지에 가면 만날 수 있습니다.

옛날 정선의 아우라지 강을 사이에 두고 여량리에 사는 처녀와 유천리 총각이 사랑을 했습니다. 그들은 배를 타고 싸리골에서 만나서 사랑을 나누곤 했습니다. 이런 사실을 아는 이는 뱃사공뿐이었습니다. 그날도 그들은 싸리골에서 만나기로 약속했지만, 배를 띄울 수 없을 만큼 많은 비가 왔습니다. 두 남녀는 강을 사이에 두고 애만 태울 수밖에 없었지요. 이 사정을 아는 뱃사공도 그저 안타까울 수밖에 없었습니다.

큰 비가 그렇게도 오래갔든지 아니면 다른 사연이 있었든지, 끝내 둘은

맺어지지 못했다고 합니다. 그 후, 뱃사공이 뱃일을 하면서 이 안타까운 연인들의 사연을 노래로 지어 부른 것이 〈정선아리랑〉이라고 합니다. 지금도 정선 아우라지에 가면 비록 삿대 없는 배이지만 쇠줄을 당겨 건너는 배가 있고, 처녀 상과 총각 상이 멀리서 안타깝게 서로를 부르며 서 있습니다.

남자 무당을 박수무당이라고 하지요. 옛날 진도의 한 마을에 박수무당이 되어야만 하는 운명을 지닌 총각이 살고 있었다고 합니다. 그런데 이 총각이 얼굴도 번지르르하게 잘 생기고, 어깨도 떡 벌어지고, 배에 '식스팩'까지 갖춘 근육남이었나 봅니다. 자기가 생각하기에도 박수무당으로 살기엔 너무 아깝다고 생각한 이 총각! 혼인을 약속한 마을 처녀도 있었지만 무심하게도 혼자 도망을 칩니다. 그러나 당장 도망쳐서 별 방법이 없던 그는 경상도 어느 양반집의 노비가 됩니다. 하지만 이 총각의 외모가

소리꾼들의 삶을 그린 영화 「서편제」의 포스터
〈사진출처: 중앙대학교 산학협력단〉

여기서도 빛을 발했는지, 주인 양반집의 딸이 노비에게 홀딱 반해 버린 겁니다. 둘의 사랑은 모락모락 피어났고 결국 양반 주인들에게 들통이 납니다. 이 총각은 양반집 딸과 같이 도망을 쳐서 진도로 돌아옵니다. 집에 돌아오니 총각 부모님들은 양반집 며느리를 맞게 되었다며 대환영을 합니다. 그렇게 세월이 흐른뒤, 옛날 혼인을 약속했던 처녀는 어찌 살고 있을까 궁금해진 남자가 그 처녀의 집에 찾아가 보게 됩니다. 그런데 이게 웬일입니까? 그 집 문턱에 나이 먹은 여자 하나가 처량히 누군가를 기다리는 모습으로 앉아 있었습니다. 옛날 혼인을 약속했던 처녀가 아직도 자기를 기다리며 늙어 가고 있었던 것입니다. 다른 여자의 남편이 되어 돌아온 그를 보며 여자는 눈물을 죽~ 흘리며 노래합니다.

영화 「서편제」를 보면 소리꾼인 주인공들이 구불구불한 논밭길을 돌아 민요를 부르며 걸어오는 인상적인 장면이 나오는데 이때 부르는 구슬프면서도 신명 나는 노래가 바로 〈진도아리랑〉입니다.

왜 왔던고 왜 왔던고 울리고 갈 길을 왜 왔던고
청천 하늘에 잔별도 많고 이내 가슴속에 수심도 많다
간다간다 내 돌아가요 정든님 따라서 내 돌아간다
문경새재는 왠 고갠가 굽이야 굽이굽이 눈물이로구나
만남이 반가우나 이별을 하네 이별을 할라면 왜 이리 왔나
아리아리랑 쓰리쓰리랑 아라리가 났네 아리랑 응응응응 아리리가 났네 ♣

[아리랑 – 묵계월] 경기민요의 거장, 묵계월 선생의 깊은 울림이 담긴 아리랑이에요. 전통의 멋을 고스란히 느낄 수 있습니다.

[아리랑 – 송소희/양방언] 맑고 고운 송소희의 목소리에 양방언 피아니스트의 감성이 더해졌어요. 전통과 현대가 아름답게 어우러진 무대랍니다.

[본조아리랑 – 부활] 불후의 명곡에서 부활과 아이들이 함께 부른 감동적인 아리랑이에요. 세대를 넘나드는 따뜻한 하모니가 인상적이에요.

[아리랑 – 서도밴드] 국악과 밴드 사운드가 멋지게 어우러진 서도밴드의 아리랑이에요. 전통을 새롭게 풀어낸 감각적인 무대예요.

[아리랑 메들리 – 방탄소년단] 방탄소년단이 본조, 진도, 밀양, 강원도 아리랑을 신나게 불러줘요. 세계적인 스타가 전통을 알리는 멋진 순간이에요.

[아리랑 – 아이유] 아이유 특유의 맑고 청아한 목소리로 부른 아리랑이에요. 듣는 순간 마음이 편안해지는 느낌입니다.

[긴아리랑/구아리랑/본조아리랑] 긴아리랑, 구아리랑, 본조아리랑 비교 무대 세 가지 아리랑을 한자리에서 들어볼 수 있는 무대예요. 각기 다른 멋과 감성이 살아 있습니다.

[아리랑 – 김창완 밴드] 김창완 밴드의 국악기 아리랑 연주. 태평소와 국악기들이 함께 어우러져 신나는 아리랑이 펼쳐져요. 전통과 록의 멋진 만남이에요.

[밀양아리랑 – 국악밴드 AUX] 청주시립국악단과 국악 밴드 AUX가 함께 만든 밀양아리랑 무대예요. 전통과 현대가 조화롭게 어우러진 공연입니다.

[정산아리랑/강원도아리랑/밀양아리랑/천안삼거리] 아리랑은 지역마다 다른 가락과 가사를 가지고 있습니다. 정선, 강원도, 밀양, 천안삼거리 아리랑을 이어서 들을 수 있어요. 지역마다 다른 색깔이 참 매력적이지요?

[밀양아리랑 – 송소희] 송소희가 관현악단과 함께 부른 풍성한 〈밀양아리랑〉이에요. 눈꽃처럼 맑고 아름다운 무대랍니다.

[밀양아리랑 – 안비취/묵계월/이은주] 인간문화재 안비취, 묵계월, 이은주가 함께 부르는 밀양아리랑이에요. 전통의 진수를 느낄 수 있어요.

[밀양아리랑 – 박애리/팝핀현준] 불후의 명곡에서 팝핀현준과 박애리가 부르는 밀양아리랑. 구성지게 시작해서 웅장하게 마무됩니다. 춤과 노래가 어우러진 역동적인 무대예요.

[밀양아리랑 – 손승연] 가수 손승연이 폭발적인 가창력으로 부른 밀양아리랑이에요. 듣는 순간 가슴이 뻥 뚫리는 느낌이네요.

[정선아리랑 – 김영임] 국악 명창 김영임이 부른 정선아리랑은 장단이 조금 달라요. 귀 기울여 들으면 색다른 느낌이 느껴져요.

[정선아리랑 – 송소희/양방언] 아리랑은 정말 변화무쌍한 노래입니다. 송소희의 멋진 목소리와 작곡가 양방언의 피아노 협연이 어우러져 들려주는 정선아리랑 무대입니다.

[진도아리랑 – 김소희] 우리나라 국악의 큰 별, 김소희 명창의 진도아리랑이에요. 깊은 감정이 담긴 전통의 소리를 느껴 보세요.

[진도아리랑 – 해금과 피아노 연주] 지선 & 백건의 진도아리랑 연주. 해금과 피아노가 어우러져서 흥겹고 멋진 분위기를 만들어줍니다.

[진도아리랑 – 피아노 연주] 이지수의 현란한 피아노 연주로 듣는 〈진도 아리랑〉입니다.

[진도아리랑 – 영화 서편제] 서편제 영화 속 장면에서 진도아리랑이 나와요. 보고 듣는 순간 마음이 울컥할지도 몰라요.

[진도아리랑 – 서울시 국악관현악단] 서울시 국악관현악단이 아리랑을 오케스트라처럼 편곡해서 웅장한 국악관현악으로 연주했어요.

▶ 스마트폰으로 책 속의 QR코드를 찍으면 저자 선생님이 추천하는 음악이나 공연실황, 또는 교육콘텐츠들에 바로 접속할 수 있습니다.

할머니의 할머니의 할머니가 부르던 노래

#경기민요_남도민요_서도민요_동부민요 #전문소리꾼
#향토민요_통속민요_토속민요 #군밤타령_연평도조기 #통영개타령
#까투리타령 #몽금포타령_고종황제 #너영나영 #자진모리장단

우리 민족에게는 오래전부터 일을 할 때는 힘든 것을 잊게 해 주고, 놀이를 할 때는 흥을 돋워주는 민요가 있었습니다. 악보를 통해 배우지 않아도 할머니, 할아버지, 엄마, 아빠, 또는 동네 사람들이 부르는 그 소리를 자연스럽게 익혀서 내 노래인 양 불렀지요. 이렇게 전해져 내려온 민요는 그 지역의 방언이 그대로 들어 있고, 음악적 특징도 지역에 따라 달랐습니다. 서울·경기 지방과 충청도 일부의 경기민요, 전라도와 충청도 일부의 남도민요, 황해도·평안남북도의 서도민요, 강원도, 경상도, 함경도의 동부민요는 그런 지역적 특징에 따라 구분한 것입니다.

그리고 각 지방에서 불리다가 전문적인 소리꾼이 불러 전국적으로 히트를 한 민요가 생겼습니다. 이렇게 널리 알려진 민요를 통속민요라고 하는데, 음악 교과서에 실리거나 우리가 익히 알고 있는 민요들은 대부분 통속

민요들입니다. 이와 달리 일정한 지방에서만 불리는 민요는 향토민요 또는
토속민요라고 합니다.

아리랑처럼 한국인이라면 다 알고 친숙한 민요도 있지만, 오늘날 우리와
멀어지다가 저절로 사라져 버리는 민요들이 많다는 것이 정말 아쉽습니다.
한국인으로서 어려운 현실을 이겨낼 때 저절로 아리랑이 입에서 흘러나왔
듯이 기쁠 때, 슬플 때, 사랑을 노래할 때, 즐거울 때 기억나고 흥얼거릴 수
있는 민요 몇 곡은 익숙해지면 좋겠습니다.

민요의 갈래 – 향토민요와 통속민요

민요는 옛날 사람들 사이에서 자연스럽게 생겨나 입으로 전해 내려온 우리 전통 노래입
니다. 작곡가나 가수 없이 만들어졌고, 악보도 없이 불렸기 때문에 판소리나 시조, 가사
처럼 전문가가 만든 노래와는 다르죠. 민요는 일을 하거나 놀이를 할 때, 아이들이나 여
성들이 부르기도 하고, 슬픔이나 기쁨을 표현하는 등 종류가 매우 다양합니다. 정해진
형식이 없어서 가락이나 가사를 즉흥적으로 바꿔 부를 수 있으며, 들판에 저절로 피어
나는 들꽃처럼 자연스럽고 자유로운 노래라고 할 수 있어요.

향토민요는 특정 지역에서만 불리는 민요로, 정해진 형식이나 전문 가수가 없이 지역 사
람들 사이에서 자연스럽게 전해진 노래입니다. 이러한 민요는 직접 그 지역에 가서 들어
야만 접할 수 있으며, 옛날 라디오 프로그램인 〈우리의 소리를 찾아서〉에서
는 실제 마을 주민이 부르는 향토민요를 녹음하여 소개하기도 했습니다.

통속민요는 전문 소리꾼들이 전국을 돌아다니며 널리 퍼뜨린 민요로, 향
토민요와 달리 정해진 형식에 따라 불립니다. 음악 교과서에서 배우는 '아
리랑', '방아타령', '군밤타령', '도라지타령', '노들강변', '풍년가' 같은 노래
들이 모두 통속민요에 속해요.

민요는 옛날 민중의 사는 모습을 볼 수 있는 가장 생생한 역사 기록입니다. 옛 시대의 기록을 보면 서민들에 대한 것은 그리 많지 않고 대부분이 지배계층들에 대한 기록들이지요. 하지만 민요 가사를 음미해 보면 그 시대 사람들의 생활에 대해 많은 것들을 알 수 있습니다. 더구나 노랫가락으로 전해지기 때문에 옛사람들과 감성적으로 마음을 주고받을 수 있습니다. 언제부터 불렀는지 모르지만, 여러분의 할머니의 할머니의 할머니 때부터 불러오던 노래를 흥얼거려 보면 그분들의 마음이 조금이라도 느껴지지 않을까요?

■ **군밤타령**

바람이 분다 바람이 불어
연평 바다에 어허어얼싸 돈바람 분다.
얼싸 좋네 아 좋네 군밤이요
에헤라 생률밤이로구나

〈군밤타령〉은 경기민요 중에서 가장 빠른 노래입니다. 이 노래의 장단은 볶는타령장단이라고 하는데, 여기서 "볶는"다는 것은 빠르다는 뜻으로 보면 됩니다. 우리가 즐겨 부르는 〈군밤타령〉은 사실 20세기 이후에야 널리 알려졌습니다. 아마 입으로 전해지던 민요 가락에 가사가 덧붙여지고 편곡되며 오늘날의 형태로 정착했을 것입니다. 제목은 〈군밤타령〉이지만 이 노래의 주제는 군밤보다는 바람이 아닐까 합니다. 1900년대 초에 연평도 근해에 조기가 많이 잡히면서 수천 척의 어선이 몰려들어 큰 수확을 올렸다고 하는데, 이 노래는 당시의 모습을 연평도에 돈바람이 분다고 재미있게 표현하고 있습니다. 후렴에 해당하는 부분에만 노래의 흥을 돋우기 위해 군밤 이야기를 집어넣은 것이지요. 여러 절로 바꿔 부르는 가사 내용은 바람이 불어서 좋고, 달이 밝아 좋고, 눈이 와서 좋고, 개가 짖어 좋다는 것입니다. 같은 후렴구가 반복되기 때문에 흔히 군밤타령이라 부르지만, 내용은 군밤과는 상관 없는 자연이나 사는 모습에 대한 것들입니다.

■ **통영개타령**

개야 개야 검둥개야

개야 개야 검둥개야 개야 개야 검둥개야

가랑잎만 달싹해도 짖는 개야

청사초롱 불 밝혀라 우리 님이 오시거든

개야 개야 검둥개야 개야 개야 검둥개야

짖지를 마라 짖지를 마라

멍멍~ 멍멍~ 짖지를 마라

〈통영개타령〉은 경상도의 통영 지방에서 전래한 밝고 명랑한 분위기의 민요입니다. 가랑잎이 조금만 움직여도 짖는 개를 보고, 님이 오시는 소리에는 짖지 말라고 하네요. 밤중에 몰래 찾아올지 모르는 님을 기다리는 마음이 익살스럽게 표현되어 있습니다. 반복되는 "개야 개야 검둥개야" 하는 가사와 가락이 재미와 흥겨움을 줍니다. 그리고 자진모리장단의 경쾌한 리듬과 "멍멍~" 하는 개 짖는 소리도 익살스러운 재미가 느껴집니다.

■ 까투리타령

까투리 한마리 푸드득하니 매방울이 떨렁

후여 후여 허허 까투리 사냥을 나간다.

전라도라 지리산으로 꿩 사냥을 나간다

지리산에 올라 무등산을 지나 나주 금성산에 당도하니

까투리 한 마리 푸두둥하니 매방울이 떨렁

후여 후여 어허 까투리 사냥을 나간다 후여 후여

남도 민요인 〈까투리타령〉입니다. 지리산, 계룡산, 삼각산, 문경새재, 금강산, 구월산, 묘향산, 백두산 등 전국의 이름난 여러 산으로 꿩 사냥을 나간다는 내용입니다. 8절의 함경도 백두산까지 가다 보면 우리나라의 이름난 산들을 다 돌아보게 됩니다. 옛날에는 매를 길들여서 방울을 달아 주고 꿩 사냥을 하는 것이 양반들의 놀이였다고 합니다. 사냥꾼이 매를 날려 꿩을 잡는 모습을 "푸드득", "떨렁"과 같은 소리를 나타내는 말로 재미있게 표현했습니다.

■ 몽금포타령

장산곶 마루에 북소리 나더니

금일도 상봉에 님 만나 보겠네

에헤요 에헤요 에헤야 님 만나 보겠네

갈 길은 멀구요 행선은 더디니

늦바람 불라고 성황님 조른다

에헤요 에헤요 에헤야 님 만나 보겠네

〈몽금포타령〉은 서도민요 중에서 가장 많이 알려진 곡입니다. 몽금포는 황해도 서해안 쪽 장산곶에 있는 항구 이름입니다. 지금은 북한 땅이라 가 볼 수 없지만 예로부터 고기가 많이 잡히고 백사장이 아름답기로 이름난 곳입니다. 아마 아름다운 해안에서 뱃놀이를 하며 불렀을 것 같네요. 〈몽 금포타령〉 가사를 음미하면 몽금포 해변의 아름다운 풍광을 상상할 수 있 을 것 같습니다. 특히 고종 황제가 즐겨 듣던 곡이라고 합니다. 이 노래의 어떤 매력이 고종 황제의 마음을 끌어당겼을지 궁금하네요.

■ 너영나영

아침에 우는 새는 배가 고파 울고요
저녁에 우는 새는 임이 그리워 운다
너영나영 두리둥실 놀구요
낮에낮에나 밤에밤에나 상사랑이로구나
너영나영 두리둥실 놀구요

제주도 민요인 〈너영나영〉입니다. '너영나영'은 제주도 방언으로 '너하고 나하고'라는 뜻입니다. 가사는 주로 임에 대한 사랑에 관한 내용이지만 단 순하면서 흥겨운 곡조로 부르기 쉽고 재미있어 널리 알려지게 되었습니다. 오늘날 전해지는 노래는 육지 민요의 영향을 받아 새롭게 개작된 것으로 보입니다. ♣

[군밤타령 – 안산시립국악단] 국악기와 첼로와 드럼도 함께하는 안산시립국악단의 경쾌하고 신는 군밤타령. 듣다 보면 절로 어깨가 들썩일 거예요.

[군밤타령 – 송소희] 두번째달이 멋지게 편곡한 군밤타령을 송소희가 신명나게 부릅니다. 전통과 현대가 멋지게 어우러진 무대.

[군밤타령 – 박애리] 박애리의 군밤타령은 기교가 살아 있습니다. 다른 가수들과 비교해서 들어 보면 더 재미있어요!

[통영개타령 – 김소희] 남도민요의 깊은 맛을 느낄 수 있는 김소희 명창의 통영개타령입니다. 전통 민요의 멋이 가득해요.

[통영개타령 – 김용우] 김용우의 아카펠라 통영개타령입니다. 뮤직비디오도 재미있고, 목소리만으로 만든 아카펠라 편곡도 정말 신기해요!

[통영개타령 – 피아노와 해금 연주] 피아노와 해금 두 악기가 만나서 신나는 분위기를 만들어주는 통영 개타령 연주곡입니다.

[까투리타령 – 김소희/박귀희/안형년/오정숙/남해성] 김소희, 박귀희, 안향년, 오정숙, 남해성 명창들이 부르는 남도민요 까투리타령은 전통의 깊은 울림이 느껴져요.

▶ 스마트폰으로 책 속의 QR코드를 찍으면 저자 선생님이 추천하는 음악이나 공연실황, 또는 교육콘텐츠들에 바로 접속할 수 있습니다.

[까투리타령 – 락음국악단] 가야금, 거문고, 아쟁, 타악, 건반이 어우러진 락음국악단의 연주. 까투리타령이 이렇게 멋질 수 있다니 놀랍습니다.

[몽금포타령 – 이은관/김옥심/이은주/묵계월] 이은관, 김옥심, 이은주, 묵계월 명창의 깊은 소리로 듣는 몽금포타령은 바닷바람처럼 시원하고 정겹습니다.

[몽금포타령 – 남성 4중창] 크로스오버 보컬그룹 라비던스의 남성 4중창은 웅장하고 몰입감 넘쳐요. 몽금포타령이 마치 영화 속 장면처럼 펼쳐집니다.

[몽금포타령] 국악 걸그룹 미지가 부르는 몽금포타령은 경쾌해서 듣는 내내 어깨가 들썩들썩합니다.

[너영나영 – 김용우 밴드] 국악이 이렇게 감미로울 수 있을까요? 김용우 밴드의 너영나영은 목소리만으로도 마음이 설렙니다.

[너영나영 – 양지은] 여자가 부르는 너영나영은 어떻게 다를까요? 양지은이 부르는 너영나영을 앞에 소개한 김용우의 목소리와 비교해 보세요.

▶ 스마트폰으로 책 속의 QR코드를 찍으면 저자 선생님이 추천하는 음악이나 공연실황, 또는 교육콘텐츠들에 바로 접속할 수 있습니다.

빙글빙글 돌며 밤 새워 놀아 보자

1597년 음력 9월 16일 명량에서 전투가 있었습니다. 왜군 함대 130척을 이순신 장군이 지휘하는 조선 함대 13척이 격퇴해 버렸습니다.

"죽고자 하면 살 것이고, 살고자 하면 죽을 것이다."

적군에 비해 보잘것없는 병력을 가지고도 전투에 임할 수 있었던 것은 두려움을 용기로 바꾼 이순신 장군의 지도력이 아니었으면 불가능한 일이었을 것입니다.

그리고 명량의 빠른 조류를 활용한 전략 또한 이 전투를 승리로 이끈 큰 요인이었습니다. 명량의 다른 이름은 울돌목으로 바닷물이 암초에 부딪혀 나는 소리가 매우 크기 때문에 마치 바위가 우는 것 같다고 해서 붙여진 이름이라고 합니다. 이곳은 매우 좁은 해협인데 넓은 바다에서 이곳으로 조류가 흐를 때 물살이 세지고 그 물살이 암초에 부딪혀 파도가 높아진다고 합니다. 배가 이곳을 지나면 위로 솟구쳤다가 바닷속으로 가라앉는 듯한 느낌이 든다고 하네요.

이순신 장군은 명량해협 출구에서 기다리다가 함포를 쏘아 왜군 31척의 배를 함몰시키고 다른 배들에도 큰 타격을 입힙니다. 해협이 좁고 물살이 빠른 탓에 적군은 뒤로 후퇴도 못하고 배가 부서지거나 침몰하게 되었다고 합니다.

아무리 그래도 어떻게 13척의 배로 전투에 나갈 수가 있었냐구요? 적군이 보잘것없는 조선군의 병력을 보고 코웃음을 치며 사기가 높아졌을 텐데 말이에요. 여기에서 또 한 번 이순신 장군의 뛰어난 지략이 돋보입니다. 이순신 장군은 13척의 함대 뒤로 피난민들의 어선 100여 척을 뒤따르게 해서 적에게 위협적인 모습을 보여주었습니다.

그것만이 아니었습니다. 우리 군사가 우수영에 진을 치고 있을 때 아군의 수가 결코 적지 않다는 것을 적군에게 보여주기 위해 이순신 장군은 한 가지 꾀를 냈습니다. 그게 무엇일까요? 이순신 장군은 마을의 부녀자들을 모았습니다. 그리고 남장 차림을 하고 옥매산에 불을 놓은 뒤 그 둘레를 계속 돌게 했습니다. 이미 여러 전투에서 이순신에게 참패한 적군은 이순신 장군에 대한 두려움이 컸습니다. 그 두려움은 옥매산을 돌고 있는 부녀자들을 병사들로 보이게 했습니다. 벽파진(지금의 진도)까지 진입한 왜적은 우리 병사들의 수가 많은 것으로 알고 겁을 먹고 달아났다고 합니다.

그 이후로 그날의 승리를 기억하면서 보름달이 뜨는 추석, 정월대보름, 백중, 유두 같은 날에 손을 맞잡고 둥글게 돌면서 노래하고 춤추는 강강술래 놀이를 했다고 합니다.

그렇다고 이때가 강강술래의 처음이라고 볼 수는 없습니다. 이미 원시시대부터 달 밝은 밤에 모여서 사냥의 풍요를 기원하고 신에게 감사하는 의식을 치렀습니다. 그때 꼭 빠지지 않던 것이 춤이었습니다. 이렇게 제사의 의식으로 사용되던 춤은 농사를 시작하고 정착해 살면서 풍년을 기원하고 추수를 감사하는 축제의 형태가 되었을 겁니다. "마한에서 5월 씨뿌리기가 끝나면 제사를 지내고 모여서 술 마시고 노래하고 춤추기를 밤낮으로 했다. 서로 따라가며 땅을 밟고 손발로 가락을 맞추며 춤을 췄다. 10월에 농사일이 끝나고도 이런 행사를 했다"라는 이야기가 『삼국지』「위지 동이전」●에 나옵니다. 세월이 흘러 이순신 장군이 이 풍습을 전술로 사용한 것이지요. 그리고 너무나 멋지게 기적처럼 승리를 거두지 않았겠습니까! 이후로 강강술래는 또 다른 시대의 이야기가 더해지고 더해져 오늘까지 이어지는 놀이가 되었습니다.

할머니들에게 여쭈어보면 강강술래 놀이를 할 때, 밤을 새우며 놀았다는 이야기를 들을 수 있습니다. 추석 때는 마을의 여자들이 모여 2박 3일 동안 강강술래 놀이를 하며 놀았다고도 하네요. 대체 손만 잡고 빙빙 도는 놀이가 뭐가 재미있어서 밤을 지새웠냐고요? 그런데 강강술래는 손잡고 빙빙 돌며 노래하는 게 다가 아닙니다. 실컷 손을 잡고 뛰며 노래를 부르다

● **삼국지**三國志 **위지동이전**魏志東夷傳은 위魏나라, 촉蜀나라, 오吳나라가 대립하던 중국의 삼국시대(220~280)에 관한 역사서입니다. 14세기 같은 시대를 배경으로 쓴 나관중의 소설 『삼국지연의』와는 다릅니다. 위나라의 역사 30권, 촉나라의 역사 15권, 오나라의 역사 20권으로 되어 있는데, 그중 위나라 역사의 '동이전東夷傳'이란 부분에 우리 민족의 역사와 사회, 풍습 등이 자세히 기록되어 있습니다.

가 멈춰서 여러 가지 종류의 놀이를 합니다. 지금까지 알려진 놀이만 해도 30종류가 넘는데, 대부분이 생물이나 사물 등을 흉내 내면서 노는 놀이입니다. 춤과 노래의 빠르기도 느려졌다가 빨라졌다가 조절이 가능하고, 중간중간 놀이를 섞어서 즐길 수 있으니 얼마나 신명이 났겠습니까? 게다가 친구와 가족, 마을 사람들이 모두 모여서 노니 밤을 지새울 만도 하죠?

■ 남생아 놀아라

민물에 사는 거북이 모양의 동물을 부르는 순수한 우리말이 남생이입니다. 남생이는 목을 등껍질 속으로 넣었다 내밀었다 하면서 뒤뚱뒤뚱 어기적거리며 걷는답니다. 이 놀이는 바로 이런 남생이의 동작을 흉내 내며 노는 놀이입니다. 둥그렇게 앉아서 "남생아 놀아라~"라고 손뼉 치며 노래를 부르면 몇 사람이 일어나 원 안으로 들어가 남생이 춤을 추면서 놉니다. 끼 많은 사람들의 재주를 실컷 즐길 수 있는 놀이라 춤추는 사람도 보는 사람도 모두 즐겁고, 분위기를 띄워주는 놀이입니다. 비슷한 놀이 중에 개고리타령이라는 놀이도 있는데, 그것은 개구리 동작을 흉내 내며 노는 놀이입니다.

■ 청어엮기·청어풀기

청어는 물고기 이름입니다. 서해안에서 잡히는 물고기로, 임금님에게 진상해야 하는 물고기였다니 값이 꽤 나갔던 모양입니다. 그러니 당연히 꼭 잡아야 하고, 많이 잡기를 바라는 마음을 담아 놀이를 했을 겁니다. 그래서일까요? 청어엮기는 청어를 줄줄이 엮는 모양을 흉내 낸답니다.

이 놀이는 둥글게 돌다가 약속한 사람이 선두가 되어 원을 깹니다. 그리고 그 사람은 왼쪽으로 돌아서 맨 뒷사람과 뒤에서 두 번째 사람 사이로 들어와 다시 한 바퀴를 돌고, 그다음 손이 엮인 두 번째 사람과 세 번째 사람 사이를 통과하고, 다시 한 바퀴를 돕니다. 이런 식으로 돌다 보면 맨 뒷사람과 맨 앞사람만 빼고는 자신의 왼손이 오른쪽 어깨 위에 올려진 상태가 됩니다. 청어가 엮인 모양처럼 되는 거지요. 자, 청어를 모두 엮었으니 이제 풀어야겠지요? 이번에는 맨 앞사람이 오른쪽으로 돌아 맨 뒷사람과 뒤에서 두 번째 사람 사이를 통과합니다. 그리고 청어엮기와 마찬가지로 방향만 바뀐 채 계속 반복하다 보면 어깨에 있던 손이 다 풀어지고, 다시 아래로 손을 잡은 상태가 됩니다.

■ 덕석몰기·덕석풀기

덕석은 또 무엇일까요? 다른 말로 멍석이라고 하는데 옛이야기에도 자주 출연하는 물건으로, 짚으로 새끼를 꼬아서 곡식 같은 것을 말릴 때 쓰던 돗자리를 말합니다. 덕석은 비가 올 때면 곡식을 걷고 둘둘 말아서 보관하다가 비가 그치고 해가 나면 다시 펴서 곡식을 말리곤 했습니다. 덕석몰기와 덕석풀기는 덕석을 마는 모습과 푸는 모습을 흉내 낸 놀이입니다. 덕석몰기를 할 때에는 "비온다 덕석몰자~"라고 노래를 부르며 선두를 맡은 사람이 둥근 원을 깨고 둥글게 둥글게 안을 향해 덕석이 말리는 모양으로 들어갑니다. 달팽이놀이를 할 때의 모습을 생각하면 됩니다. 선두가 중심까지 다 오게 되면 다시 덕석풀기로 들어가는데요, 들어왔던 방향과 다른 방향으로 덕석 모양의 밖을 향해 노래를 부르며 나갑니다.

■ **고사리 꺾기**

고사리 꺾는 모습을 흉내 낸 놀이입니다. 모두 둥그렇게 손을 잡고 쪼그려 앉아 "꺾~자 꺾~자 고사리 대사리 꺾~자"라고 노래를 합니다. 맨 선두를 맡은 사람은 일어나 리듬감 있게 걸으며 왼쪽 첫 번째 사람과 두 번째 사람 사이를 돌아 나오며 첫 번째 사람의 손을 잡아 일으킵니다. 첫 번째 고사리를 꺾었습니다. 그 두 사람은 다음 두 사람 사이를 돌아 나오며 두 번째 사람의 손을 잡고 일으키지요. 이렇게 계속해서 노래를 부르며 모든 사람이 일어나게 합니다.

■ **대문열기**

"동~ 동~ 동대문을 열어라~ 남~ 남~ 남대문을 열어라~"이 놀이 기억나시나요? 유치원 때 한번은 해봤을 놀이입니다. 대문열기는 이 놀이를 생각하면 됩니다. 맨 앞의 두 사람이 손을 맞잡고 높이 올려 대문을 만들면 다른 사람들은 앞사람의 허리를 잡고 이 문을 통과합니다. 문을 통과하고 놀이를 멈추기도 하고, 노래가 끝날 때 대문을 지나가는 사람을 잡아서 술래를 시키기도 하며, 잡힌 사람을 번갈아 문을 맡은 사람의 허리에 연결해 모든 사람이 다 잡히면 바로 꼬리따기 놀이를 하기도 합니다. ♣

[강강술래 – 국립국악원 추석 공연] 휘엉청 밝은 달밤 아래 춤과 노래로 어우러지는 강강술래의 멋진 장면을 만나 보세요. 흥겨워 어깨가 절로 들썩이게 됩니다!

[강강술래 – 송소희] R.Tee 가 편곡하고 송소희가 노래한 현대적 느낌의 신나는 강강술래. 전통과 현대가 어우러진 색다른 매력을 경험할 수 있습니다.

[강강술래 – 박귀희/박초월] 국악 명창 박귀희, 박초월이 함께 부른 진짜 강강술래의 울림! 고유한 장단과 선율 속에 살아 있는 전통의 맛을 느낄 수 있습니다.

[강강술래 – 살타첼로 연주] 한국에 대한 남다른 애정으로 유명한 독일 재즈그룹 '살타첼로 Saltacello' 연주로 듣는 강강술래. 국경을 넘어 울려 퍼지는 우리 가락의 매력을 만나 보세요.

스마트폰으로 책 속의 QR코드를 찍으면 저자 선생님이 추천하는 음악이나 공연실황, 또는 교육콘텐츠들에 바로 접속할 수 있습니다.

태평소로 왜병을 물리친 곽재우 장군

#홍의장군_곽재우 #태평소_날라리_스루나이_호적
#시나위 #아악기_당악기_향악기

홍의장군紅衣將軍이라고 불린 사람이 있었습니다. 임진왜란 때 의병장이었던 곽재우 장군 이야기입니다.

홍의장군 곽재우는 임진왜란 때 의병을 모아 왜군을 상대로 여러 전투에서 승리를 거둔 의병장입니다. 곽재우가 나타나면 왜군들이 벌벌 떨며 도망을 갈 정도로 무서워했다고 합니다. 뭐가 그렇게 무서웠을까요? 의병장 곽재우는 겁도 없고, 작전에 천재적이었던 것 같습니다. 항상 붉은 색 옷을 입고 숨었다 나타나서 적군들이 놀라는 틈을 타서 물리쳤다고 하네요. 그리고 여러 명에게 붉은 옷을 입혀서 누가 곽재우인지 알 수 없게 하고, 벌통을 건드리게 하거나 이정표를 바꿔 적을 골탕 먹였습니다. 또 병사들이 엄청나게 많은 것처럼 위장술을 쓰기도 했는데, 여기서 태평소가 큰 역할을 했습니다. 곽재우는 태평소를 불 줄 아는 사람들을 뽑아서 붉은 옷을 입힌 뒤에 왜병이 나타나면 산꼭대기에서 태평소를 불게 했습니다. 온 천지 사방에서 태평소 소리가 들린다고 생각해 보세요. 굉

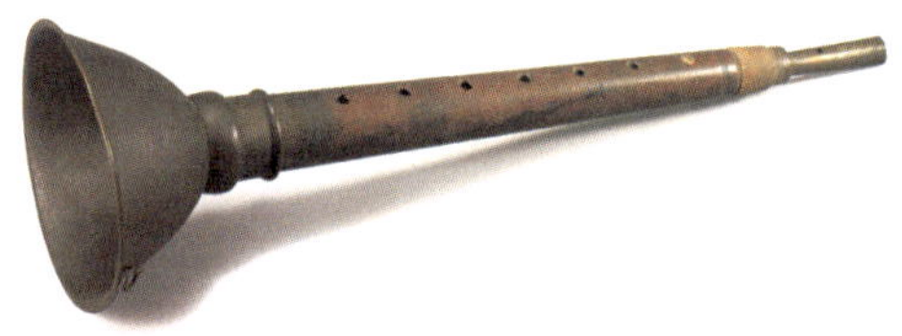

태평소는 서남아시아지방에서 유래해 중국을 통해 들어온 당악기입니다.

장히 시끄러웠겠지요? 갑자기 울려 퍼지는 태평소 소리에 왜병들은 상대가 굉장히 많은 줄 알고 혼란에 빠졌습니다. 이때를 놓치지 않고 붉은 옷을 입고, 머리에 붉은 띠를 맨 홍의장군 곽재우가 의병을 이끌고 나가 정신 없는 왜병을 가볍게 물리쳤던 것입니다.

태평소는 우리나라에서 처음 만들어진 악기는 아니었습니다. 원래는 서남아시아 지방(중동과 서인도 지역)의 악기인 스루나이가 중국을 거쳐 고려

우리 음악에 쓰인 악기들 – 아악기 / 당악기 / 향악기

앞에서 우리 음악이 어디에서 기원했느냐에 따라 아악 / 당악 / 향악으로 구분한다고 했죠? 마찬가지로 이 음악에 주로 어떤 악기가 쓰였느냐에 따라 악기를 분류할 수 있습니다.

아악기는 오래 전부터 중국에서 궁중음악에서 쓰던 악기들로 편종, 편경, 축, 어, 금, 슬, 약, 적 등을 들 수 있습니다.

당악기는 중국의 민속 음악에서 쓰던 악기들로 장구, 당피리, 아쟁, 해금, 태평소, 당비파 등이 있습니다.

향악기는 우리나라에서 만들어져 전통적으로 전해 내려온 악기들로 우리 고유의 악기라고 할 수 있습니다. 거문고, 가야금, 대금, 향피리, 향비파 등이 여기에 속합니다.

말에 우리나라에 전래되었습니다. 태평소의 이름 중 '쇄납', '새납'이라는 이름은 이 '스루나이'에서 유래했습니다. 또 먼 거리에 있는 부대원에게 신호를 보낼 때 쓰였기 때문에 '호적'이라는 이름도 있습니다. 그리고 날아갈 듯 가벼우면서 애절한 음색 때문에 '날라리'라고도 불립니다. 이렇게 별명이 많으니, 악기 중에 별명왕이라 할 수 있습니다.

'태평성대'라는 말이 있지요? 나라에 재앙이나 난리, 질병이 없고, 풍년이 들어 백성들이 편안히 지내는 시대를 말합니다. 태평성대와 태평소, 왠지 비슷한 느낌이 들지 않나요? 태평소는 국가의 권위와 위엄을 알리고, 번영을 기원하는 악기임은 물론, 그 이름처럼 때로는 왜병을 물리치고, 농악 판에서 백성들의 흥을 돋우며 태평성대를 부르는 악기였습니다. 국악기 중 가장 시끄러운 악기가 태평성대를 부르는 악기였다니 참 재미있지 않나요?

태평소 소리에는 묘한 매력이 있습니다. 크고 시끄러운 소리만 있는 게 아니거든요. 듣다 보면 애절하면서 가슴을 벅차오르게 하는 감동도 주는 악기입니다. 그래서 대중가요에서도 때때로 쓰이고, 구성지고 애절하면서도 한편으로는 신나고 독특한 음색에 화려한 가락이 더해져 태평소 시나위라는 독주곡 장르도 있답니다. 시나위는 가야금, 거문고, 해금, 아쟁, 피리, 대금 같은 악기들을 가지고 연주하는 기악 합주곡입니다. 여러 악기가 모여 일정한 장단 안에서 즉흥적이고 자유롭게 연주하는 형식이라서 들으면 절로 어깨가 들썩이는 멋들어진 우리 음악이랍니다. ♣

[대풍류 – 국립국악원] 대금, 피리, 해금, 아쟁, 장구, 좌고로 연주하는 대풍류는 관악기를 중심으로 편성된 우리나라 전통악기 편성이에요. 점점 빨라지는 장단 속에 저절로 흥이 납니다.

[시나위 – 태평소시나위] 굿판에서 울려 퍼지던 태평소 소리, 시나위의 진한 맛을 느껴 보세요.

[황천길 – 김수철] 태평소와 신디사이저가 만난 김수철의 〈황천길〉! 신비롭고 애절한 소리가 마음을 깊이 울리네요.

[김석출제 호적 산조] 진양, 중모리, 중중모리, 자진모리로 구성되어 있는 김석출제 호적(태평소) 산조. 날카로운 음색과 동해안 별신굿 무가에서 나타나는 뒤집어지는 듯한 농음이 특징입니다.

[Children of Sanchez Overture] 1978년 영화 「산체스의 아이들」에는 척 맨지오니가 연주한 "Children of Sanchez Overture"라는 멋진 곡이 들어 있습니다. 원래는 프루겔호른으로 연주된 곡인데, 태평소로 들으면 또 다른 매력이 느껴진답니다. 태평소의 시원한 소리와 이 곡의 감성적인 선율이 정말 찰떡처럼 어울려요. 마음껏 감상하면서 우리 악기의 멋도 함께 느껴보세요!

스마트폰으로 책 속의 QR코드를 찍으면 저자 선생님이 추천하는 음악이나 공연실황, 또는 교육콘텐츠들에 바로 접속할 수 있습니다.

국악계의 한류스타!

#사물놀이_풍물놀이 #사물노리안 #풍물의기원 #법고_운판_목어_범종
#징_꽹과리_북_장구 #당산굿 #마당밟이_들밟이굿_지신밟기
#걸립굿_두레굿_판굿 #진놀이_구정놀이 #범패_무속음악 #김덕수사물놀이패

김덕수, 김용배, 최태현, 이종대 이렇게 네 사람은 풍물 가락을 현대화해서 현대인들이 접근하기 쉽게 바꾸기로 합니다. 1978년 2월, 서울 종로구 계동에 있는 공간사랑이라는 곳에서 드디어 사물놀이가 처음 연주되었습니다. 하지만 그때까지 사물놀이라는 이름은 없었지요. 첫 공연이 끝나고 2개월 후 민속학자인 심우성 씨는 이 공연의 이름을 '사물놀이'라고 지었습니다. 그 후, 사물놀이는 폭발적인 인기를 얻어 국악계에 새로운 장르로 우뚝 서게 되었습니다. 그리고 그 인기는 우리나라에서 그치지 않고, 전 세계를 무대로 한류를 알리는 데 큰 역할을 해 왔습니다. 신명 나는 우리 가락에 전 세계인의 어깨가 들썩인다니 정말 신나는 일 아닙니까!

그런데 사물놀이의 '사물'은 무슨 뜻일까요? 사물은 본래 절에서 사용하던 네 가지 악기를 가리키는 말입니다. 절에 가면 법고法鼓, 운판雲板, 목어木魚, 범종梵鐘이라는 네 가지 종교의식용 악기가 있습니다.

법고는 절에서 사용하는 커다란 북으로, 법을 널리 전하는 북이라 해서 법고라고 합니다. 이 북을 연주할 때는 마음 심心자 모양을 그리면서 친다고 합니다.

운판은 구름 모양으로 생긴 쇠판을 말합니다. 연주할 때는 북채 모양의 가느다란 막대로 쳐서 소리를 냅니다.

목어는 나무로 만든 물고기 모양의 악기입니다. 속을 파내고 안쪽의 좌우를 나무 막대로 두들겨서 소리를 냅니다.

범종은 범종각에 걸린 큰 종을 말합니다. 지옥에서 고통받는 사람들이 이 종소리를 듣는 순간만큼은 잠시 고통을 잊는다고 하네요.

이렇게 네 가지 악기를 사물이라고 하는데요, 이 이름을 가져와서 '사물놀이'라고 부르게 된 것입니다.

이름은 가져왔지만 사물놀이에 실제로 쓰는 악기는 다릅니다. 사물놀이의 악기는 징과 꽹과리와 북과 장구인데요, 풍물놀이에서 쓰는 악기 중 꼭 필요한 최소한의 것만으로 편성한 것입니다. 그런데 풍물놀이가 뭐냐고요? 풍물놀이는 주로 농부들이 농사를 지으며 행하던 우리나라 고유의 민속놀이입니다. 힘든 농사일에서 기운을 북돋기 위해 북, 장구, 꽹과리, 징, 나발, 태평소 등의 악기를 불고 치면서 신나게 춤을 추고 노래하는 거지요.

사물놀이에 사용되는 악기는 모두 자연물을 상징하고 있습니다. 징은 바람을, 꽹과리는 천둥을, 북은 구름을, 장구는 비를 상징하지요. 사물놀이가 풍물놀이에서 나왔고, 풍물놀이와 농사는 깊은 관계가 있고, 농사는 또 자연과 떼려야 뗄 수 없는 관계이니 사물놀이의 악기들이 자연 현상을 나타내는 것은 당연한 듯합니다.

사물놀이하면 자연스럽게 떠오르는 이름이 김덕수이지요. 혹시 이분이 공연하는 모습을 본 적이 있으신가요? 장구의 왼쪽, 오른쪽 방향이 바뀐 것처럼 보였다구요? 열채를 왼손으로 잡고 궁채를 오른손으로 잡고 친다 고요? 보통 치는 방법과 반대네요. 왜 이렇게 치게 됐을까요? 김덕수 선생 님이 왼손잡이인 이유도 있고, 보이는 그대로 따라 쳤기 때문이기도 합니 다. 다섯 살 때 장구 치는 선생님을 보고 쫓아서 배우기 시작했는데, 어린 나이에 보이는 그대로 따라 쳤던 거죠. 가르치지 않았는데도 보고 따라 했 다는 것을 보면 정말 천재인 것이 분명합니다.

사물놀이의 시작부터 대중화, 현대음악과의 결합과 새로운 시도 등 사 물놀이의 시작에서부터 지금에 이르기까지 늘 함께했던 이분은 끊임없이 사물놀이와 다른 장르의 조화를 이뤄 하나의 음악으로 연주하고, 세계화 에도 앞장서서 세계적으로 사물놀이를 즐기는 '사물노리안'을 탄생시켰습 니다. 우리 가락의 흥을 세계에 전하고 함께 즐기는 문화를 만들어가고 있 는 것이지요.

사물놀이가 풍물놀이에서 나왔다고 했지요? 그럼, 먼저 풍물놀이의 역 사에 대해서도 알아봐야 할 것 같습니다.

풍물놀이가 시작된 것은 머나먼 상고시대●부터로 보고 있습니다. 제사

우리음악의 전통 타악기들 - 징 / 꽹과리 / 북 / 장구

우리나라에는 오랜 전통을 지닌 다양한 타악기들이 있습니다. 징, 꽹과리, 북, 장구는 각각 독특한 소리와 쓰임새로 우리의 음악과 문화 속에 깊이 자리잡고 있죠.

징은 삼국시대 때부터 쓰였다는 기록이 있을 정도로 오래된 악기입니다. 징은 '대금', '금징', '금', '고취징'으로 불리기도 하지만 현재에는 징이라는 이름만 사용합니다. 방짜 놋쇠라는 재료로 만들고, 나무 몽둥이 끝부분에 헝겊을 겹겹이 감은 채로 칩니다. 그 때문에 약하게 치면 부드러우면서도 긴 여운을 지닌 소리가 울리고, 강하게 치면 웅장하고 큰 소리가 납니다. 북과 함께 옛날 군대에서 신호용으로 사용되었는데, 북을 울리면 전진하고, 징을 울리면 후퇴를 하라는 의미였다고 합니다.

꽹과리는 놋쇠로 만든 둥근 모양의 악기에 손잡이를 달아 놓아 요란한 소리를 내는 악기입니다. 꽹과리를 연주하는 사람을 상쇠라고 하는데, 상쇠는 왼손에 꽹과리를, 오른손에 채를 들고 풍물놀이나 사물놀이에서 음악을 이끌어 갑니다. 소금, 깽매기, 깽쇠, 쇠라고도 부릅니다.

북의 종류는 매우 많습니다. 그중에서 풍물놀이와 사물놀이에서 쓰는 북은 풍물북이라 해서 왼손으로 북의 손잡이를 잡고 오른손으로 북채를 들고 칩니다. 풍물북은 북통을 사이에 두고, 양 옆에 가죽을 대고 끈을 연결해 고정시킨 모습입니다.

장구는 세요고, 요고라는 이름도 있습니다. 가운데 부분이 허리가 잘록한 것처럼 들어가서 생긴 이름입니다. 북과 마찬가지로 북통을 사이에 두고 양 옆으로 가죽을 이어 만든 모양입니다. 오른편은 채로 치기 때문에 채편, 왼손은 북편이라고 하는데, 실내에서 반주용으로 연주될 때에는 채편의 테두리를 쳐서 적은 음량을 내도록 하고, 큰 음량이 필요할 때는 채편의 가운데를 칩니다. 왼편의 북편 또한 반주용으로 쓸 때에는 손바닥으로 치지만, 풍물놀이나 사물놀이를 할 때에는 큰 음량을 내야 하기 때문에 궁채라는 채로 크게 소리를 냅니다.

를 지낼 때 마을사람 수십 명이 타악기를 치면서 춤을 추었다는 기록이 남아있거든요. 풍물놀이는 이렇게 옛날부터 마을의 제사를 지낼 때나, 농사의 능률을 올리려고 할 때, 명절 때 등 마을의 크고 작은 행사에 연주되었습니다.

연주되는 악기는 나발, 태평소 등의 관악기와 꽹과리, 징, 장고, 북과 소고 등의 타악기로 모두 걸어 다니면서 연주할 수 있는 악기들입니다.

앞에서 사물놀이는 풍물놀이에 기원을 두고 있다고 했죠? 그런데 풍물은 또 굿과 깊은 연관을 맺고 있습니다. 굿 하면 흔히 무당이 방울을 휘두르며 죽은 이의 혼을 불러오는 무서운 장면을 떠올리곤 합니다. 하지만 크게 말해 굿은 하늘에 제물을 바치고 길흉화복 등의 인간의 운명을 조절해 달라고 비는 모든 제사 의식을 말합니다. 마을의 평안이나 풍년을 기원하고 고기잡이가 잘되게 해달라고 비는 의식들이 모두 굿에 해당하죠. 그런데 하늘과 직접 닿아 소통하는 일은 아무나 할 수 있는 일이 아닙니다. 모든 종교가 그렇듯 하늘과 사람 사이의 소통을 매개하는 사제가 필요한데, 무속신앙에서 그 역할을 바로 무당이 맡았던 것입니다. 무당이 굿을 할 때에는 음악과 춤이 함께하였는데 여기에 사용하던 악기들이 풍물의 기원이 됩니다.

풍물놀이는 그 기원이 되는 굿에 따라 종류가 나뉩니다. 마을의 안녕과 번영을 기원하는 당산굿, 마을의 재앙을 물리치고 복을 불러들이는 집돌이 의식 때 하는 마당밟이(다른 이름은 들밟이굿 또는 지신밟기라고도 합니다.) 전문적인 풍물패들이 집집마다 돌아다니며 고사도 지내고 돈과 쌀을 거두며 연주하는 걸립굿, 농부들이 김을 매거나 농사를 다 지은 뒤 하는 두레굿,

마을 사람들의 구경거리를 위해 춤과 놀이 등을 선보이는 판굿이 있습니다.

요즘 공연용으로 많이 연주되는 풍물놀이는 판굿입니다. 판굿은 대형을 이루어 진을 꾸미는 진놀이를 먼저 하고, 다음에 풍물 대원들이 여러 가지 솜씨를 보여주는 구정놀이를 하는 순서로 진행됩니다.

사물놀이와 풍물놀이는 부모와 자식 같은 관계라고나 할까요? 비슷하면서도 서로 다른 특징들을 가지고 있습니다. 풍물놀이는 걸어 다니거나 거의 뛰다시피 하면서 연주하지만, 사물놀이는 실내에서도 연주할 수 있도록 앉아서 합니다. 주로 서서 연주하는 풍물놀이는 병사들이 전쟁을 할 때처럼 진을 짰다가 풀기도 하며, 춤도 추고, 약간의 연기도 선보입니다.

우리나라의 종교음악 – 범패와 무속음악

우리나라에도 서양의 기독교 음악처럼 오래전부터 종교와 관련된 음악이 있었어요. 그 중 대표적인 것이 불교 음악인 범패와 무속음악입니다.

범패는 불교에서 돌아가신 분의 영혼을 위로하는 제사 의식, 즉 '재'를 올릴 때 부르는 노래예요. '49재', '위령재', '천도재' 같은 말도 모두 이런 불교 의식에서 나온 겁니다. 범패는 삼국시대부터 있었지만, 고려 시대에 가장 활발하게 불렸던 것으로 알려져 있어요.

무속음악은 무당이 굿을 할 때 부르는 노래와 반주 음악을 말합니다. 이 음악은 크게 두 가지로 나뉘는데, 한강 이북 지역에서는 신내림을 받은 강신무의 굿 음악이, 한강 이남 지역에서는 대대로 무업을 이어온 단골무당의 굿 음악이 발달했습니다.

오랜 역사와 전통을 가진 무속음악은 시나위, 판소리, 산조, 민요, 농악 등 다양한 전통음악의 발전에 큰 영향을 끼쳤습니다.

풍물놀이는 농사를 지을 때나 마을 제사, 명절 등의 행사 때 신명을 돋우기 위해 연주되었습니다. 사진은 국립
국악원 토요명품공연 중 판굿 공연 장면.

〈사진출처: 국립국악원〉

악기 구성도 비슷한 듯하지만 각기 다릅니다. 풍물놀이에는 나발, 태평소
같은 관악기도 들어가지만, 사물놀이는 네 가지 타악기로만 연주를 하지요.

인원도 풍물놀이는 많지만, 사물놀이는 네 명으로 연주를 합니다. 그리
고 오랜 전통을 지니다 보니 지역적 특색이 많이 드러나는 것도 당연하겠
지요.

수천 년 전 먼 옛날부터 함께 어울려 놀고 축하하고 기원하는 자리에
함께했던 풍물놀이가 이제는 사물놀이라는 또 다른 장르의 음악을 탄생
시켰습니다. 그리고 풍물놀이는 우리나라 곳곳에서 신명 나게 연주되고,
사물놀이는 우리나라뿐만 아니라 세계를 누비며 한국을 알리고 세계인의

흥을 돋워 주고 있습니다. 가장 한국적인 것이 가장 세계적인 것이라는, 귀에 못이 박히도록 들었던 말이 새삼 다시 생각납니다. 사물놀이가 바로 그 증거겠지요. 한국인인데도 국악이 지루하고, 시끄럽고, 익숙하지 않다구요? 당연하지요. 우린 어려서부터 국악을 들으며 자라지 않았거든요. 익숙하지 않으면 제대로 들을 수 없으니까요. 지금부터라도 조금씩 관심을 기울이고, 재미를 찾아내면서 국악을 들어 보세요. 분명 흠뻑 빠지실 겁니다. ♣

[사물놀이 – 교과서 속 국악] 교과서에서만 보던 전통음악을 학생들이 직접 연주하는 모습으로 만나 보세요. 익숙한 가락이 더 친근하게 다가올 거예요.

[사물놀이 – 국립국악원 민속악단] 국립국악원 민속악단 연희부가 들려주는 사물놀이! 네 가지 악기가 어우러져 만들어내는 역동적인 울림을 느껴 보세요.

[꿈 – 록과 사물놀이] 조용필의 명곡 〈꿈〉이 사물놀이와 만나 새로운 무대로 태어났습니다. 록 음악과 전통음악이 어우러진 특별한 감동을 즐겨 보세요.

[신모듬 3악장 놀이] 김덕수 사물놀이패와 KBS국악관현악단이 함께한 〈신모듬 3악장 놀이〉. 빠바바밤~ 멜로디가 귀에 맴도는 흥겨운 연주입니다!

[농악 판굿] 신명 나는 상모돌림과 함께 국립국악원 토요명품공연의 농악 판굿을 감상해 보세요. 한바탕 어깨춤이 절로 납니다.

[남사당패 풍물놀이] 남사당패 특유의 재치와 흥겨움이 무대에 가득합니다.

스마트폰으로 책 속의 QR코드를 찍으면 저자 선생님이 추천하는 음악이나 공연실황, 또는 교육콘텐츠들에 바로 접속할 수 있습니다.

나는 조선의
소리꾼이다!

♫ 춘향이 귀신을 보았다

♫ 춘향과 몽룡의 '먹방연애'

♫ 세상에서 제일 더러운 토끼 이야기

♫ 심청이 달에게 쓴 편지

♫ 흥보가 밥을 먹는다 뚝딱!

♫ 목움츌이는 왜 목이 짧아졌을까?

♫ 명창들은 정말 똥물을 먹었을까?

- 🎵 판소리 춘향가 중 '사랑가'
- 🎵 판소리 춘향가 중 '쑥대머리'
- 🎵 판소리 춘향가 중 '귀곡성'
- 🎵 판소리 수궁가 중 '토끼 덫에 걸리는 대목'
- 🎵 판소리 심청가 중 '추월만정'
- 🎵 판소리 심청가 중 '심봉사 눈뜨는 대목'
- 🎵 판소리 흥보가 중 '밥타령'
- 🎵 판소리 흥보가 중 '화초장타령'
- 🎵 판소리 흥보가 중 '제비 후리러 가는 대목'
- 🎵 판소리 적벽가 중 '군사점고 대목'
- 🎵 단가 사철가

춘향이 귀신을 보았다

'평안감사향연도'라는 그림은 조선 후기 평양의 지도와 같은 그림입니다. 평양의 곳곳을 그려놓고, 명칭도 적어놓았습니다. 또한 사람들의 모습도 그려놓았는데, 평안감사가 가마를 타고 강을 건너려는 모습과, 구경하는 백성들의 모습, 민속놀이를 하고 있는 사람들의 모습, 빨래하고 있는 여인들의 모습 등 그 시대 사람들의 살아가는 모습이 실감나게 그려져 있지요. 그리고 대동강의 능라도라는 섬에서는 판소리 공연이 열리고 있는 모습이 그려져 있습니다. 소리를 하는 사람 옆에는 명창 모흥갑이라고 적혀 있습니다.

모흥갑이라는 사람은 조선 후기에 실존했던 판소리 명창 중의 한 명이었습니다. 소리꾼으로는 처음으로 벼슬을 받기도 했지요. 우렁차게 호령하듯이 부르는 부분이 많고, 잔재주도 부릴 수 없어 부르기 어렵다는 적벽가

〈평양감사향연도〉 중 모흥갑의 판소리 공연 부분

를 잘 부르기로 유명했습니다. 더군다나 노래하는 목소리가 어찌나 큰지 소리를 할 때 10리 밖에서도 들을 수 있었다고 합니다. 10리면 4km 정도인데 어떻게 그 멀리까지 소리가 들렸을지 정말 대단합니다.

그리고 모흥갑에게는 맞수가 하나 있었으니, 그가 바로 가왕 송흥록입니다. 둘의 실력이 어찌나 출중하고 유명했던지 노래를 좀 한다 하는 사람이 있으면 "모송에 견줄 만하다"고 이야기했다고 합니다.

송흥록은 특히 〈춘향가〉 중 '옥중가'에서 귀곡성을 잘하기로 유명했습니다. 송흥록은 진주 관찰사의 부름을 받아서 진주 촉석루에 가서 〈춘향가〉 중 '옥중가'를 부릅니다. 어찌나 슬프게 부르는지 모여 있는 사람들 모두가 눈물을 흘리면서 듣고 있는 가운데 '귀곡성' 대목이 시작되었습니다.

형장 맞아 죽은 귀신, 난장 맞아 죽은 귀신,

횡사직사橫死卽死 오사급사誤死急死 죽은 귀신

사면에서 나오는데

칼 쓰고 수갑헌 놈, 머리 덥숙 키 큰놈과

행주치마 산발헌 여자 죽어 사귀혼신邪鬼魂神

아이 죽어 동자혼신童子魂神

둘씩 셋씩 짝을 지어 움실움실 웃음치며

훌쩍훌쩍 울음울며

으으, 히히, 어으, 울음을 우니

옥에 갇혀 억울한 죽음을 맞이해야 하는 춘향의 모습을 옥중에서 죽은 온갖 귀신들의 울음소리로 표현한 대목입니다.

송흥록 명창이 귀신 소리를 내자 갑자기 어디선가 바람이 불어왔습니다. 그리고 갑자기 촛불이 한꺼번에 훅 꺼지더니 귀신 울음소리가 들려오는 게 아니겠습니까. 사람들이 놀라서 난리가 났었겠지요. 송흥록 명창이 부르는 귀곡성은 낮에 들어도 무섭고, 비 오는 밤에 들으면 정말 머리카락이 쭈뼛하게 설 정도로 무서웠다고 합니다. 귀곡성을 득음하려고 3년 동안 비 오는 날이면 공동묘지를 찾아가 소리를 익혔다고 합니다. 또 꿈에 영의정이 가르쳐준 것을 따라 해서 부르게 되었는데 깨어보니 황량한 벌판에다 허물어진 어떤 무덤 속에 누워 있었다는 일화도 전해집니다.

모흥갑과 송흥록은 서로 소문만 듣고 있다가 어느 날 만나서 소리를 겨루게 됩니다. 그런데 관객을 울렸다 웃겼다 하는 송흥록의 기가 막힌 솜씨를 보고 모흥갑이 송흥록에게 '가왕'이라는 별명을 붙여 줍니다. 송흥록의 실력이 대단하기도 했지만, 라이벌의 실력을 인정해 주는 모흥갑의 배포 또한 보통은 아니었던 것 같습니다.

판소리는 조선 중기 이후로 발달해서 조선 후기에 유행이 되었는데요, 한 명의 소리꾼과 한 명의 북 치는 고수가 노래(소리)와 이야기(아니리), 몸짓(발림)까지 섞어서 공연하는 종합예술입니다. 한 사람이 공연을 하지만 긴 이야기를 다 해주기 때문에 짧게는 두세 시간, 길게는 여덟 시간이 넘게 공연할 때도 있습니다. 실제로 "제비 몰러 나간다~"라는 광고로 유명했던 박동진 명창은 1969년 춘향가를 여덟 시간에 걸쳐 완창해서 화제가 되기도 했습니다.

긴 시간 동안 이야기를 노래와 이야기와 몸짓으로 관객들을 울렸다 웃겼다, 들었다 났다 하다니 참 대단하지 않습니까? 청중들 입장에서 보면 오늘날 아이돌 그룹의 라이브 콘서트만큼이나 기다려지는 공연이었을 것입니다.

판소리 공연을 보면 우리가 알고 있는 이야기인데도 들을 때마다 재미있습니다. 아무리 재미있는 개그나 쇼도 몇 번 보면 질려서 웃기지 않지요? 그런데 참 이상하게 판소리는 들으면 들을수록 더 웃기고 흥미진진합니다. 재미있는 사투리도 섞여 있고, 어려운 한자성어가 나오기도 하지만 알고 보면 재미있는 내용에, 기분 나빠지지 않을 만큼의 구수한 욕도 섞여 있기 때문일까요?

판소리는 같은 내용이라도 부르는 사람에 따라 다른 이야기, 다른 느낌처럼 들리기도 하고, 줄거리가 조금 다른 것도 있습니다. 예를 들면, 수궁가에서 마지막 대목인 용왕의 뒷이야기에서 어떤 소리꾼은 토끼의 간을 못 구한 용왕이 임종했다고 하고, 어떤 소리꾼은 별주부가 신선의 약을 구해 용왕의 목숨을 구했다고도 합니다. 또한 별주부가 가지고 간 토끼의 똥물을 먹고 병이 나았다고 노래하는 소리꾼도 있습니다.

그런데 마음먹고 판소리를 들어 보려 해도 도대체 무슨 소리인지도 모르겠고, 너무 길어서 엄두가 안 난다는 분들이 많습니다. 그렇다면 제가 소개해 드리는 부분을 먼저 읽고 그 부분부터 들어 보세요. 내용을 알고 들으면 더욱 귀에 쏙쏙 들어오고, 재미도 느낄 수 있을 겁니다. 판소리를 제대로 들을 줄 아는 사람을 가리켜 귀명창이라고 하는데요, 여러분들도 이제 판소리를 제대로 듣고 즐길 줄 아는 귀명창이 되기를 바랍니다.

고수는 옆에서 북만 치며 박자만 맞추는 것이 아닙니다. 소리꾼의 이야기에 적절하게 대답을 해서 상대역을 소화하기도 하구요, "좋지~", "그렇지~" 등 중간 중간에 소리를 넣어 소리꾼의 흥을 돋우는 추임새를 넣기도 합니다. 판소리에서 고수가 얼마나 중요한지 '일고수 이명창'이라는 소리도 있답니다.

판소리는 열두 마당이었던 것이 지금은 총 다섯 마당이 전해지고 있습니다. 하지만, 요즈음에는 창작 판소리가 많이 생겨나 사회 풍자나, 위인들의 이야기, 만화 이야기에서 성경 속 이야기까지 재미있는 소재들로 공연되고 있습니다. ♣

춘향과 몽룡의 '먹방연애'

#판소리춘향가 #사랑가 #이리오너라업고놀자 #당동지지루지
#서편제_동편제_중고제 #쑥대머리귀신형용 #임방울명창

춘향전 이야기는 모두 알고 있을 겁니다. 양반 신분의 이몽룡과 기생의 딸 춘향의 신분을 뛰어넘은 사랑 이야기지요. '춘향이 이야기' 또한 특정한 작가가 지어낸 이야기가 아니라 민간에 떠돌던 설화를 바탕으로 하고 있습니다. 그래서 내용이 조금씩 다른 이야기만 해도 120종류가 넘는다고 하네요.

이렇게 세상에 떠돌던 사랑 이야기를 우리나라를 대표하는 사랑 이야기로 만드는 데 가장 크게 이바지한 것이 바로 판소리입니다. 큰 줄거리를 바탕으로 많은 에피소드들과 주변 인물들이 합쳐지며 더욱 풍성하고 세련된 한 편의 감동적인 이야기로 다듬어진 것이지요. 주인공 외에도 이야기에 등장하는 인물들은 또 얼마나 개성이 넘치는지요? 월매, 방자, 향단이, 변학도 등등, 각자를 주인공으로 한 다른 작품들을 만들어낼 수 있을 정도입니다.

판소리를 바탕으로 소설 〈춘향전〉이 쓰여진 건 그 뒤로 보입니다. 아무래도 이야기나 노래가 글로 쓴 소설보다는 먼저겠죠? 앞에서 본 〈수궁가〉가 그랬고 〈심청가〉, 〈흥보가〉, 〈옹고집타령〉 등이 모두 민담에서 판소리로, 판소리에서 소설 작품으로 새로 만들어진 경우입니다.

판소리 〈춘향가〉는 판소리 다섯마당 중 가장 사랑받는 작품입니다. 소설로도 그렇지만 판소리로서도 가장 완성도가 높은 작품으로 〈춘향가〉를 꼽습니다. 판소리를 즐겨 듣지 않는 사람도 '사랑가'나 '쑥대머리' 같은 대목은 많이들 들어 보았을 겁니다.

춘향가를 완창하는 데 8시간 정도 걸린다고 합니다. 한 사람이 8시간 동안 공연을 하다니 웬만한 체력과 연습이 없으면 엄두도 못 낼 일이지요. 때문에 춘향가를 완창하는 공연이 있으면 언제나 이슈가 되곤 한답니다. 시간도 시간이지만, 춘향가는 다섯마당 판소리 중 예술성과 완성도가 가장 뛰어나다고 합니다. 춘향가 중에서 가장 많이 알려진 곡은 역시 사랑가겠지요? 이팔청춘 젊은 남녀의 알콩달콩한 첫사랑의 감정을 눈에 보일 듯 표현하고 있습니다.

이리 오너라 업고 놀자. 이리 오너라 업고 놀자.

사랑 사랑 사랑 내 사랑이야. 사랑이로구나 내 사랑이야.

이이이이 내 사랑이로다. 아매도 내 사랑아.

니가 무엇을 먹으랴느냐? 니가 무엇을 먹으랴느냐?

둥글둥글 수박 웃봉지 떼어뜨리고, 강릉 백청을 따르르르르르르 부어,

씨일랑 발라 버리고, 붉은 점 움뿍 떠 반간 진수로 먹으랴느냐.

아니 그것도 나는 싫소. 그러면 무엇을 먹으랴느냐?

니가 무엇을 먹으랴느냐? 당동지지루지허니

외가지 당참외 먹으랴느냐? 아니 그것도 나는 싫소.

그러면 니 무엇 먹으랴느냐? 니가 무엇을 먹으랴느냐?

앵도를 주랴, 포도를 주랴, 귤병 사랑의 혜화당을 주랴.

아매도 내 사랑아. 그러면 무엇을 먹으랴느냐. 니가 무엇을 먹을래.

시금털털 개살구, 작은 이 도령 서는 데 먹으랴느냐?

아니 그것도 나는 싫어. 아매도 내 사랑아.

저리 가거라. 뒤태를 보자. 이만큼 오너라 앞태를 보자.

아장 아장 걸어라. 걷는 태를 보자. 방긋 웃어라.

잇속을 보자. 아매도 내 사랑아.

춘향이에게 온갖 맛있는 음식을 다 준다고 하고, 요렇게 봤다가 조렇게 봤다가, 정말 좋아서 어쩔 줄을 모르네요. 그런데 여러분이 잘 모르는 단어들이 너무 많지요? 하지만 위 가사에 밑줄 쳐 놓은 단어들만 알면 그리 어렵지 않습니다. 먼저 강릉 백청은 강릉에서 나는 품질 좋은 꿀이고, 반간 진수라는 것은 반쯤 익은 진한 국물입니다. 당동지지루지라는 것은 짤막하고 뭉퉁하고 길쭉하게 생긴 모양을 말하구요, 당참외는 중국 참외입니다. 귤병은 귤을 꿀에 절인 음식이고, 혜화당은 엿을 한문으로 말한 것입니다. 이제 가사 뜻을 알았으니 한 번 더 들어 보세요. 머릿속에 먹을 것이 떠올라 침이 고인다고요?

그나저나 이때 이몽룡 나이가 열여섯 살인데요, 벌써 아들을 바라나 봅니다. '작은 이도령' 생기는 데 먹으라고 신 개살구를 권해 주네요. 요즘으로 치면 겨우 중3 나이인데 말이지요.

이몽룡과 춘향이는 이렇게 달콤한 사랑을 나누다가 이별을 합니다. 이몽룡 아버지가 한양으로 발령이 나거든요. 그리고 새로 부임한 변 사또가 홀로 남은 춘향에게 수청을 들라고 합니다. 춘향이가 거절을 하자, 고문을 하고 옥에 가두어 버립니다. 옥에 갇힌 춘향이의 고통스러운 상황과 이몽룡을 그리워하는 마음이 '쑥대머리' 가사에 절절하게 나타나 있습니다.

쑥대머리 귀신형용. 적막옥방의 찬 자리으 생각난 것이 임뿐이라.
보고지고, 보고지고. 한양낭군 보고지고.

판소리의 갈래 – 서편제 / 동편제 / 중고제

서편제라는 말을 들어본 적이 있나요? 영화로도 유명한 판소리의 한 종류인데요, 여기서 '제'는 판소리의 지역별 음악 스타일을 뜻해요. 서편제는 전라도의 서쪽 지역에서 발달한 판소리 스타일을 말합니다.

그렇다면 **동편제**도 있을까요? 물론 있습니다. 예전에는 교통이 불편해서 지역마다 다른 스타일의 판소리가 발달했어요. 전라도의 중심을 흐르는 섬진강을 기준으로 강 서쪽 지역인 광주, 나주, 보성 등에서 불리던 소리를 서편제, 동쪽 지역인 남원, 구례 등에서 불리던 소리를 동편제라고 합니다.

이후 충청도와 경기도에서도 판소리가 유행하면서, 이 지역만의 독특한 스타일인 **중고제**가 생겨났어요. 이렇게 판소리는 지역에 따라 서편제, 동편제, 중고제로 나뉘어 불립니다.

오리정 정별후로 일장 수서를 내가 못 봤으니, 부모봉양 글공부으 겨를이 없어 이러는가?

여인신혼 금슬우지 나를 잊고 이러는가?

계궁 항아 추월같이 번뜻이 솟아서 비치고저.

막왕막래 맥혔으니 앵무서를 내가 어이 보며, 전전반칙으 잠 못 이루니 호접몽을 어이 꿀 수 있나?

손가락의 피를 내어 사정으로 편지허고, 간장의 썩은 눈물로 님의 화상을 그려볼까?

이화일지춘대우으 내 눈물을 뿌렸으면, 야우문령단장성으 임도 나를 생각헐까?

추우오동엽락시으 잎만 떨어져도 임의 생각.

녹수부용채련녀와 제롱망채엽의 뽕 따는 정부들도 낭군 생각은 일반이나, 날보담은 좋은 팔자.

옥문 밖을 못나가니 뽕을 따고 연 캐겄나?

내가 만일으 임을 못 보고 옥중원혼이 되거드면, 무덤 근처 있는 나무는 상사목이 될 것이요, 무덤 앞으 섰는 돌은 망부석이 될 것이니, 생전사후 이 원한을 알아줄 이가 뉘 있드란 말이냐?

퍼버리고 앉어 설리 운다.

한자말과 사투리 때문에 무슨 얘기인지 잘 모르겠죠? 풀이해 보면 이렇습니다.

쑥 같이 흐트러진 머리에 귀신의 모습. 고요한 감옥 차가운 자리에 생각나는 것은 님뿐이구나.

보고싶구나, 보고싶구나. 한양낭군 보고싶구나.

오리정에서 이별한 뒤에 편지 한 장 못 받았으니, 부모님 모시고 글공부하느라 그러는가?

새로이 결혼해서 사이좋게 지내느라 나를 잊었는가?

가을 달 속 궁전에 살고 있는 선녀처럼 높이 솟아올라 내 모습을 님에게 비추고 싶어라.

오는 길 가는 길 막혔으니 답장을 어찌 볼 것이며, 잠을 이루지 못하고 뒤척이니 사랑하는 이와 함께하는 꿈을 어찌 꿀 수 있나?

손가락에 피를 내어 지금 처지를 편지로 쓰고, 애간장 썩은 눈물로 님의 얼굴을 그려볼까?

봄비 젖은 배꽃 가지에 내 눈물을 뿌리면, 비 내리는 밤 창자를 끊는 듯한 말방울 소리에 님도 나를 생각할까?

가을비에 오동잎이 떨어져도 님의 생각.

연꽃 핀 푸른 물에서 연을 따는 여인들과 전쟁터에 남편을 보낸 뒤 바구니 들고 나가 뽕잎 따는 건 잊은 여인네도 낭군 생각은 마찬가지이나, 나보다는 좋은 팔자구나.

옥문 밖으로 나갈 수 없으니 어떻게 뽕을 따고 연을 캐겠는가?

내가 만약에 임을 못 보고 감옥에서 원통하게 죽으면 무덤 근처 있는 나무는 상사목이 될 것이고, 무덤 앞에 있는 돌은 망부석이 될 것이니, 살아 있을 때와 죽었을 때의 내 원한을 누가 알아주겠는가?

퍼질러 앉아서 슬피 운다.

'쑥대머리' 하면 임방울 명창의 이야기를 빼놓을 수 없습니다. 쑥대머리를 크게 히트시킨 사람이 임방울이고, 임방울이 유명해진 이유도 쑥대머리 때문이거든요.

1925년 '조선 명창 연주회'에 그 시대 최고의 명창들이 모두 나와 소리를 했습니다. 정말 많은 사람들이 모여들어 그들의 소리를 들었지요. 명창들의 소리에 이어 마마를 앓아서 얼굴에 곰보 자국이 남은 키 작은 남자가 등장했습니다. 그리고 "쑥대~머리~~ 귀~신 형용~~~" 하고 소리를 시작했습니다. 쑥같이 엉클어진 머리에 귀신같은 모습을 했다는 가사는 곧바로 사람들의 귀와 상상력을 자극했습니다. 그리고 이어진 춘향이의 절망적인 상황과 님을 그리워하는 마음이 그 시대 나라 잃은 이들의 가슴을 울렸지요. 가사뿐이 아니었습니다. 쉰 듯한 목소리에 가슴을 치는 듯 시원한 목소리는 청중들을 빠져들게 했답니다. 이 사람이 바로 임방울이었어요.

이후, 쑥대머리는 불후의 명곡이 되었고, 임방울 명창의 인기 또한 요즘 아이돌 인기는 저리 가라 할 만큼 남녀노소 모두의 사랑을 받았답니다. 임방울 명창의 공연이 있다는 소식이 들리면 구름같이 사람들이 모여들었고 유성기 음반은 우리나라와 만주, 일본에서까지 기록적인 판매량을 냈습니다.

한번은 임방울 명창이 공연을 끝마쳤는데, 한 남자가 돌아가지 않고 죽은 새끼 돼지를 안고 그 자리에 울며 서 있는 것이었습니다. 무슨 일인가 물어보니 열심히 일해서 모은 돈으로 새끼 돼지를 사서 새끼를 쳐 논과 밭을 사게 되면 장가를 가려고 했는데, 임방울 명창의 공연을 보다 새끼 돼지가 낑낑거리며 소리를 내기에 목을 쥐고 소리를 못 내게 했답니다. 그런데 명창이 힘을 주어 소리를 할 때 자신도 따라 힘을 주는 바람에 돼지가 숨이 막혀 죽고 말았다는 겁니다. 그 사람은 여태 모은 돈뿐만 아니라 자신의 꿈마저 날아가 버렸으니 얼마나 기가 막혔겠습니까. 결국 임방울은 이 열성 팬에게 돈을 한 주먹 쥐어주었다고 합니다. 임방울 공연에 얼마나 푹 빠졌으면 새끼 돼지가 죽는 줄도 몰랐을까요? ♣

[춘향가 중 사랑가 – 교과서 국악] 국립국악중학교 학생이 부르는 〈춘향가〉 중의 '사랑가'. 풋풋하면서도 맑은 울림이 전해집니다.

[춘향가 중 사랑가 – 고영열 피아노 병창] 깊은 목소리로 마음을 울리는 고영열의 피아노 병창 판소리 〈춘향가〉 중 사랑가입니다.

[춘향가 중 사랑가 – 김준수 & 송가인] 김준수와 송가인이 함께 부르는 사랑가! 두 목소리가 만들어내는 특별한 어울림을 느껴 보세요.

[춘향가 중 쑥대머리 – 임방울] 1929년 녹음하고 1950년대 후반 영상으로 제작된 임방울 명창의 판소리 〈춘향가〉 중 '쑥대머리'를 감상해 보세요.

[춘향가 중 쑥대머리 – 안숙선] 안숙선 명창이 부르는 〈춘향가〉 중 '쑥대머리', 진한 한과 절절한 그리움이 가득 담겨 있습니다.

[춘향가 중 쑥대머리 – 박애리] 박애리의 소리와 국악관현악단의 연주가 함께하는 국악가요 '쑥대머리', 또 다른 매력을 느껴 보세요.

[춘향가 중 쑥대머리 – 김수인] 김수인의 '쑥대머리' 역시 꼭 들어봐야 할 한 소리! 담백하면서도 힘 있는 울림이 전해집니다.

스마트폰으로 책 속의 QR코드를 찍으면 저자 선생님이 추천하는 음악이나 공연실황, 또는 교육콘텐츠들에 바로 접속할 수 있습니다.

세상에서 제일 더러운 토끼 이야기

#판소리수궁가 #토끼전_별주부전 #토끼덫에걸리는대목 #구렁이썩는냄새방귀
#귀토지설 #김춘추_품석

'토끼전' 이야기는 누구나 다 알고 있지요? 어렸을 때부터 동화책으로, 이야기로 참 많이 들었을 겁니다. 병든 용왕의 병을 고치려고 별주부가 토끼의 간을 구하러 육지로 가서 토끼를 꾀어 용궁으로 데려오지만, 토끼가 꾀를 내어 무사히 육지로 돌아온다는 이야기지요. 그런데, 판소리 별주부전 속에는 우리가 동화책에서는 볼 수 없었던 재미있는 이야기가 더 가득합니다.

병을 얻은 용왕이 벼슬 단 물고기들을 잔뜩 모아 놓고는 용왕이 아니라 생선 가게 주인이 된 것 같다고 이야기하는 장면이나 별주부와 헤어지기 전 토끼가 용왕에게 주라고 내준 처방전(암자라를 하루에 일천오백 마리씩 석 달 열흘 다려 먹이고 복 쓸개 천 석을 만들어서 먹이라고 하는데요, 별주부가 들으면서 얼마나 오싹했을까요?)을 말하는 장면은 웃음이 절로 납니다.

별주부와 별주부 마누라가 이별하는 대목도 재미있습니다. 동화책에서는 미혼인지 기혼인지 알 수 없었던 별주부가 유부남이었다는 것도 알 수 있는데요, 마누라를 혼자 두고 가는 별주부의 마음이 편하지 않았는지, 자기와 비슷하게 생긴 남생이와 바람이 날까 봐 노심초사하며, 자기 몸에서는 비린내가 나고, 남생이 몸에서는 노린내가 나니 구별을 잘 해야 한다고 조심시키고 육지로 떠납니다.

육지로 나온 별주부가 토끼를 단번에 찾았을까요? 별주부는 토끼를 찾느라 주위를 살피는 중에 날짐승과 길짐승들이 서로 최고 높은 자리에 앉으려고 다투는 모습을 목격합니다. 그런데 그 자리에 배고픈 호랑이가 내려옵니다. 별주부는 호랑이를 토끼라고 생각하고 부르지요. 먼 길 바다를 오느라 턱이 얼어붙어 버린 별주부는 "토생원~" 하고 불러야 할 것을 "호생원~" 하고 부릅니다. 호랑이는 자기의 이름을 건방지게 부르는 별주부를 잡아먹으려고 하지만 별주부 대가리가 들락날락하는 것을 보고 겁을 집어먹고 맙니다. 그러더가 별주부에게 물려 전라도 해남에서 대번에 의주 압록강까지 KTX보다 빠르게 도망가지요. 옛이야기 속에서 배고픈 호랑이는 불쌍하게도 아주 미련한 캐릭터로 등장하는군요.

육지로 돌아간 토끼가 나무꾼의 그물에 걸려 죽을 뻔하다가 살아나는 장면 또한 어찌나 기발하고 재미있는지요.

"아따 죽고살기는 내 재주에 매였은게. 아, 내 몸에다 쉬나 좀 실어주시오." 쉬파리 떼가 달려들어 쉬를 담뿍 실어놓고 날아간 뒤에 토끼란 놈은 그냥 죽은 듯이 가만히 엎졌을 제 그때 초동목수樵童牧揷● 아이들이 지게갈퀴 짊어지고 외노래를 부르며 올라오는디…"

토끼의 잔꾀가 정말 대단합니다. 자기 몸에 '쉬'를 실어달라고 하지요? 여기서 '쉬'는 오줌이 아니고 파리의 애벌레인 구더기를 말합니다. 쉬파리는 알을 안 낳고, 어미 뱃속에서 알을 부화시킨 뒤 구더기를 낳는다고 하네요. 그런데 쉬파리는 구더기를 주로 썩은 고기나 똥에 낳는다고 하는데요, 토끼가 어떤 생각으로 저런 꾀를 냈는지 짐작하셨나요? 아무리 살려고 그런다지만 온몸에 쉬파리 애벌레가 꿈틀댄다고 생각하니 너무 끔찍하네요.

이리허고 올라오다가 토끼 걸린 것을 봤겄다. "아따 야들아. 토끼 걸렸다. 불 피워라. 구워먹고 가자." 한 놈이 토끼를 쏙 빼들고 냄새를 맡는디. 아 토끼 대구리 쯤 냄새를 맡았으면 참 잘 구워먹고 갈 것인디 하필이면 토끼 똥꾸녕에다가 냄새를 맡아놓은 것이, 이 꾀 많은 토끼가 수궁에서부터 참고 나온 삼년 묵은 도토리 방귀를 그냥 쉬르르르~ 꿰여 놓응께 아 구렁이 썩는 냄새가 나던 것이었다. "아따 이거 걸린 지 오래 되었는갑다. 구렁이 썩는 내가 난다." "아 그러면 내다 버려라." 획하고 던져놓응께 토끼가 우뚝 서서 허는 말이 "예끼 이런 시러배 아들놈들아 내가 수궁의 용왕도 속이고 나왔는디 내가 너그들 손에 죽을소냐?" 또 한 목숨 살아났다고 한번 놀아 보는디.

● **초동목수**樵童牧豎란 땔나무하는 아이와 소먹이는 총각이라는 뜻이지만 배우지 못하고 무식한 사람을 이르기도 합니다.

하필이면 토끼 똥꾸녕에다 대고 냄새를 맡다니요. 거기다 때맞춰 구렁이 썩는 냄새가 나는 방귀를 쉬르르르~ 뀌었답니다. 이야기만 들어도 지독한 냄새가 풍기는 듯합니다. 아무튼 그 지독한 방귀 덕에 토끼는 목숨을 건졌지요.

그밖에 별주부가 토끼의 관상을 봐주는 장면, 여우가 토끼 보고 수궁길을 가지 말라고 하는 장면, 바닷속을 지나가면서 토끼가 똥 마렵다고 하는 장면, 독수리한테 잡혔다가 굴로 도망치는 장면, 토끼의 간을 구하지 못한 용왕의 뒷이야기 등 수궁전 판소리에는 동화책에서 보지 못했던 흥미진진하고 맛깔난 이야기들이 가득합니다.

그런데 용왕이 토끼의 간을 구한다는 이야기는 판소리로 만들어지기 훨씬 전부터 전해 내려오던 민담을 바탕으로 하고 있습니다. 심지어 다른 나라에도 비슷한 이야기들이 전해 내려왔다고 하는데요, 인도의 불교 경전이나 일본의 옛이야기에도 이와 비슷한 이야기가 있다고 하네요. 우리나라에는 '거북이와 토끼 이야기(귀토지설龜兔之說)'라는 고구려의 설화가 삼국사기에 전하는데, 그 내용을 보면 다음과 같습니다.

때는 삼국시대. 한강 유역을 쟁탈하기 위해 백제, 고구려, 신라 세 나라는 치열하게 싸웠습니다. 왜냐구요? 한강은 한반도의 중심에 있어서 영토 확장을 위해서 꼭 차지해야만 하는 곳이었기 때문이죠. 한강 주변에는 농사짓기에 알맞은 넓은 평야가 있었고, 여러 지역으로 물건도 쉽게 나를 수 있었으며, 바다를 통해 중국과 교류하기 좋은 지역에, 외적의 침입을 쉽게 막을 수 있었으니 모두가 탐을 내지 않을 수 없었습니다.

　한강 유역은 4세기에는 백제, 5세기에는 고구려의 땅이었고 6세기에는 신라의 차지가 되었습니다. 백제와 고구려는 신라에게 빼앗긴 땅을 되찾을 궁리를 했겠지요. 그러던 중 백제의 의자왕이 윤충 장군을 보내 대야성을 공격합니다. 대야성은 지금의 경상남도 합천인데요, 만약 이곳을 적에게 빼앗기면 고령, 대구, 경산 앞까지 그냥 뚫리게 되어 있어 전략적으로 아주 중요한 곳이었다고 합니다. 이 대야성은 주변의 자연 지형을 이용해서 적은 병력으로도 충분히 방어할 수 있게 만들어졌기 때문에 웬만해서는 뚫리지 않았다고 합니다. 그런데 백제군이 쳐들어오자 대야성의 도독(성주)이었던 품석은 어찌 된 일인지 쉽게 성을 내 주고 항복하고 맙니다. 그리고 백제군의 포로가 되었다가 결국 죽임을 당하고 말지요.

　사실 일이 이렇게 된 데에는 품석의 잘못이 컸습니다. 품석은 자신의 부하인 검일 장군의 아내를 탐내서 빼앗아 버렸습니다. 억울하게 아내를 빼앗긴 검일은 복수할 날만 기다리고 있었지요. 그러던 차에 백제가 쳐들어온 것입니다. 복수심에 불탄 검일 장군은 백제군과 짜고 창고에 불을 지릅니다. 그래서 결국 신라군은 우왕좌왕하다 항복하고 성문을 열 수밖에 없었지요. 성을 빼앗은 백제는 적장인 품석과 그의 부인을 모두 처형해 버립니다.

　그런데 이 품석이 누구였느냐! 바로 김춘추의 사위였습니다. 그러니까 품석의 부인이 김춘추의 딸이었던 거지요. 딸과 사위를 백제군에게 잃었다는 소식을 들은 김춘추는 눈앞에 사람이 지나가도 알아보지 못할 정도로 큰 충격을 받았다고 합니다. 그리고 맘속으로 백제를 향한 복수의 칼날을 갈았지요. 김춘추는 당시 왕이었던 선덕여왕에게 가서 자신이 고구려로 가서 도움을 청하겠다고 말합니다.

당시 고구려는 연개소문이 정권을 장악하고 있었습니다. 보장왕이 왕위에 있었지만, 허수아비에 지나지 않았지요. 김춘추는 고구려 땅으로 들어가 보장왕에게 고구려 군사의 도움을 받아서 백제를 물리치겠다고 합니다. 신라와 고구려의 연합작전을 제안한 것이지요. 하지만 보장왕은 김춘추를 믿지 않았습니다. 신하들의 말을 믿고 그가 고구려의 형세를 살펴보러 온 간첩으로 의심합니다. 보장왕은 한강 유역을 내놓으면 도와주겠다는 억지 제안을 내놓으며 김춘추를 압박합니다. 군사를 청하러 왔는데, 오히려 땅을 내놓으라니 김춘추는 기가 막힐 수밖에요. 그렇다고 김춘추가 "알겠습니다! 당장 땅을 돌려드리겠습니다!"고 했을 리는 없겠지요? 김춘추는 국가의 토지는 신하된 사람이 마음대로 할 수 있는 것이 아니라며 거절했고 보장왕은 기다렸다는 듯 김춘추를 가두어 버립니다.

밀사로 고구려에 왔던 김춘추는 신라로 돌아가지도 못하고 붙잡히는 신세가 되고 말았습니다. 하지만 이렇게 될 걸 미리 짐작하고 있었는지 김춘추는 보장왕의 신하 선도해를 미리 매수해 놓고 있었습니다. 선도해와 술 한잔을 하며 어찌하면 좋을지 궁리를 했겠지요. 그런데 선도해가 김춘추에게 이야기를 하나 들려줍니다. 그 이야기의 내용은 이렇습니다.

"바닷속 용왕이 병이 들었는데, 토끼의 간을 약으로 써야 낫는다는 말을 듣게 됩니다. 신하인 자라는 토끼를 잡으러 육지로 가서 토끼를 잘 꾀어서 용궁으로 데리고 왔습니다. 용궁에 와서야 토끼는 자신이 속았다는 걸 알게 됩니다. 토끼는 용왕에게 자신의 간을 씻어 말리기 위해 바위 밑에 널어두고 왔으니 다시 가서 가지고 오겠다고 말합니다. 용왕은 그 말에 깜박 속아 토끼를 육지로 돌려보내줍니다. 자라의 등에 업혀 육지로 돌아온 토끼는 세상에 간을 넣었다 뺐다 하는 동물이 어디 있냐며 자신을 속인 자라에게 한바탕 욕을 해주고 집으로 도망쳐 버립니다."

이 이야기를 들은 김춘추는 머릿속에 불이 켜지는 것 같았습니다. 그는 다시 보장왕을 만나서 신라로 돌아가 선덕여왕에게 말해서 꼭 한강 유역 땅을 주겠다고 말하지요. 그런데 용왕처럼 어리석은 보장왕이 이 말을 철석 같이 믿은 모양이에요! 그는 김춘추를 신라로 돌려보냅니다. 신라로 돌아간 김춘추가 약속대로 한강 유역 땅을 내놓았을까요? 여러분도 아시다시피 김 춘추는 신라로 돌아간 뒤 진덕여왕의 뒤를 이어 무열왕이 되었고, 한강 유 역을 내놓기는커녕 백제를 멸망시키고 삼국통일의 기반을 닦았습니다. ♣

[수궁가 – 조상현] 2002년 국창 조상현 판소리 〈수궁가〉 중 "토끼 덫에 걸려 ~ 더질 더질" 장면까지 감상해 보세요.

[수궁가 중 범 내려온다 – 박동진] 박동진 명창이 부르는 〈수궁가〉 '범 내려온다'. 힘 있고 구수한 소리에 절로 귀가 쏠립니다.

[수궁가 중 범 내려온다' – 이날치 밴드] 이날치 밴드와 앰비규어스 댄스컴퍼니가 함께한 '범 내려온다'! 전통 판소리가 이렇게 힙할 수 있구나, 온 나라가 들썩였던 무대입니다.

[창극 수궁가] 수궁가 속 토끼와 별주부의 만남, 창극으로 보니 더 재미있습니다. 장면 속 생동감이 그대로 전해집니다.

[수궁가 중 '고고천변' – 유태평양] 유태평양 소리로 듣는 수궁가 중 '고고천변'. 맑고 힘찬 목소리에 바닷가 풍경이 눈앞에 펼쳐지는 듯합니다.

▶ 스마트폰으로 책 속의 QR코드를 찍으면 저자 선생님이 추천하는 음악이나 공연실황, 또는 교육콘텐츠들에 바로 접속할 수 있습니다.

심청이 달에게 쓴 편지

심청가는 전해지는 다섯마당 판소리 중 애절하고 슬픈 내용이 가장 많습니다. 고종황제가 소리에 감복해서 즉석에서 벼슬을 내렸다는 명창 송만갑은 부인과 사별하자 심청가를 부르지 않았다고 합니다. 심청가가 너무 슬퍼 그 감정을 이길 수 없어서 그랬다고 하네요.

심청가는 시대 배경이 중국 송나라 때인데요, 옛날에는 중국을 배경으로 이야기를 잘 만들었습니다.

왜 그랬을까요?

임금에 관한 이야기를 자칫 잘못 지어냈다가는 오히려 죽임을 당할 수도 있었기 때문에 중국을 배경으로 이야기를 만들고 내용은 우리나라의 현실을 반영했다고 하는 이야기가 있구요. 이때는 외국에 쉽게 나갈 수 있는 때가 아니었으니 이국적인 것에 대한 동경을 이렇게 작품 속에 녹여내어 썼다는 이야기도 있습니다. 소설은 어차피 가상의 세계니까요. 셰익스피어도 영국 사람이지만 로미오와 줄리엣 같은 작품은 이탈리아를 배경으로 썼고, 해리포터가 다니는 마법 학교도 상상 속 장소 아닙니까?

심청가 중 황후가 된 심청이가 아버지를 생각하며 가을 달밤에 창밖을 보며 부르는 노래가 있습니다. "추월만정秋月滿庭~"이라는 가사로 시작하는 노래인데요. 추월만정은 가을 달빛이 뜰 안에 가득하다는 뜻입니다. 이 노래는 이화중선이라는 명창이 잘 불러 쑥대머리를 부른 임방울과 함께 큰 인기를 얻었습니다.

추월은 만정허여

산호주렴으 비치어 들고,

실솔은 슬피 울어 나유원에 흘러들 적,

청천의 외기러기난 월하으 높이 떠서,

'뚜루루루루루루 끼룩' 울음을 울고 오니,

심황후 기가 맥혀 기러기 불러 말을 헌다.

울고 오는 저 기럭아!

너 무삼 설음 있어 저리 슬피 울고 오느냐?

짝을 잃고 너 우느냐?

도화동 우리 부친 슬픈 소식 전허자고

나를 불러 너 우느냐?

이 몸은 불효막심이라 일장음신 못 올리나,

부처님의 영검으로 감은 눈을 뜨셨으며,

도화동 백성들이 옛 언약을 아니 잊고

시량이나 이우더냐?

눈 못 뜨고, 배가 고파 문전걸식 눈치를 받고,

나를 부르고 다니면서 아사지경이 되셨느냐?

고생이 그러셔도 살어나 계시오면 천행만행이련마는,

만일 불행 병환 들어 적막공방 누워 계시면,

약 한 첩, 물 한 모금을 어느 뉘가 줄 것이며,

혼자 기진 굿기신들 뉘가 염습 안장헐까?

이렇닷이 울음을 울다 창공을 바라보니,

기러기는 간 곳 없고, 별과 달만 밝았구나.

심황후 기가 맥혀,

야, 이 무심한 저 기럭아! 내의 헌 말 들었거든,

불쌍허신 부친전으 세세히 아뢰어 다오.

인당수에 빠진 뒤 용왕님을 만나 황후의 신분이 되었지만, 불쌍한 아버지를 만날 수도 없고 소식조차 들을 수 없는 효녀 심청에게 황궁은 감옥일 뿐입니다. 추월만정의 가사를 요즘 말로 바꿔 곰곰이 음미하며 판소리를 들어 보시면 아버지를 그리는 심청의 애끓는 심정이 느껴질 겁니다.

가을 달빛은 뜰에 가득하여

산호 구슬 발에 비춰들고,

귀뚜라미 슬픈 울음소리 휘장 안에 들릴 때,

맑은 하늘 외기러기는 달 아래 높이 떠서,

'뚜루루루루루루 끼룩' 울음을 울고 오니,

심황후 기가 막혀 기러기 불러 말을 한다.

울고 오는 저 기러기야!

너 무슨 설움이 있어서 저리 슬피 울고 오느냐?

짝을 잃고 너 우느냐?

도화동 우리 부친 슬픈 소식 전하자고

나를 부르며 우느냐?

이 몸은 불효가 막심해 편지 한 장 못 올리지만,

부처님의 은혜로 감은 눈은 뜨셨으며,

도화동 백성들이 옛 약속을 잊지 않고

땔나무나 양식을 챙겨드리고 있느냐?

혹시 눈도 못 뜨고, 배가 고파 밥을 빌어먹으며 눈총을 받고 다니다가,

나를 부르고 다니며 굶어죽을 지경이 되지는 않았느냐?

고생이 심하셔도 살아만 계시면 천행만행이련마는,

만일 불행히도 병이 들어 홀로 방에 누워 계시면,

약 한 첩, 물 한 모금을 어느 누가 드릴 것이며,

혼자 기운이 다해 돌아가시면 누가 편히 씻겨드리고 장사를 지내드

릴까?

이렇듯이 울음을 울다 창공을 바라보니,

기러기는 간 곳 없고, 별과 달만 밝았구나.

심황후 기가 막혀,

　　야, 이 무심한 저 기러기야! 내가 한 말을 들었거든,
불쌍하신 아버지께 자세히 전해다오.

　　이화중선은 일제강점기 최고 인기를 누리던 여성 명창이었습니다. 그녀는 목포에서 갈비뼈가 하나 없는 미숙아로 태어나, 엄마가 죽게 되자 친척 집을 전전하며 살게 됩니다. 그러다 술집 부엌에서 일하게 되는데 그때부터 소리를 배우게 됩니다. 보통 소리는 어렸을 때부터 배우게 되는데 이화중선은 성인이 된 뒤 소리를 배우고도 명창이 되었으니, 타고난 소리꾼이었음이 틀림없습니다. 26살이 되던 해 전국명창대회에서 '추월만정'을 불러 큰 인기를 얻게 됩니다. 사람들은 이화중선의 얼굴이 박색이고 키도 작았지만, 곱고 당찬 목소리에 심금을 울리는 추월만정에 푹 빠지고 맙니다. 그녀의 추월만정은 지금도 음반이 남아있어 들을 수 있습니다. 이화중선의 목소리로 추월만정을 꼭 한번 들어 보기를 권합니다.

　　심청가에서 제일 극적인 장면은 심봉사가 눈을 뜨는 장면이겠지요? 여태까지 슬퍼서 울며 심청가를 들었던 관객들은 심봉사가 눈을 뜨는 장면에서는 다시 감동으로 눈물을 흘리게 됩니다. 또한 심봉사가 눈을 뜨면서 더불어 모든 맹인들이 눈을 같이 뜨는 기적이 일어나는데요. 집에서 눈뜨고, 길에서 눈뜨고, 가다, 오다, 서서, 앉아서, 실없이, 어이없이, 화내다, 울다, 웃다가, 그리고 사람뿐만 아니라 날짐승 들짐승까지… 아무튼 이래저래 다 떠 버립니다.

　　아니 청이라니, 에잉 이것이 웬 말이냐. 내가 지금 죽어 수궁에 들어

왔느냐. 내가 지금 꿈을 꾸느냐. 죽고 없는 내 딸 청이, 여기가 어디라고 살아오다니 웬 말이냐. 내 딸이면 어디 보자. 어디 내 딸 좀 보자. 아이고, 내가 눈이 있어야 내 딸을 보제. 아이고 답답하여라. 두 눈을 끔적, 하더니만은 눈을 번쩍 떴구나.

심봉사 눈 뜬 김에 여러 봉사들도 따라서 눈을 뜨는데, 만좌 맹인이 눈을 뜬다. 어떻게 눈을 뜨는고 하니, 전라도 순창 담양 새 갈모 떼는 소리로 짝 짝 하더니마는, 모두 눈을 떠버리는구나. 석 달 동안 큰 잔치에 먼저 나와 참여하고 내려간 맹인들도 저희 집에서 눈을 뜨고, 미처 당도 못한 맹인 길 위에서 눈을 뜨고. 가다가 뜨고, 오다가 뜨고, 서서 뜨고, 앉아 뜨고, 실없이 뜨고, 어이없이 뜨고, 화내다 뜨고, 울다 뜨고, 웃다 뜨고, 떠보느라고 뜨고, 시원히 뜨고, 앉아 노다 뜨고, 자다 깨다 뜨고, 졸다 번뜻 뜨고, 심지어 비금주수까지 일시에 눈을 떠서 광명천지가 되었구나.

심청의 지극한 효심 덕분에 하늘이 감동하여 세상의 맹인들은 물론 눈먼 짐승들까지 모두가 한꺼번에 눈을 뜨네요! 한순간 세상은 어둠이 없는 광명천지가 되었습니다. 내내 탄식과 슬픔과 안타까움으로 진행되던 심청가는 이렇게 감동과 환희 속에서 대단원에 이릅니다.

흔히 심청전 하면 유교의 가장 큰 덕목인 효를 강조하는 작품으로만 생각하는데, 타락한 사회에 대한 풍자와 함께 가난하고 몸이 불편하여 설움받는 이들에 대한 구원의 메시지도 담고 있답니다. ♣

[심청가 – 국립국악원] 국립국악원 토요명품공연에서 만나는 〈심청가〉. '추월만정'에서 '심봉사 눈뜨는 대목'까지 감동적으로 펼쳐집니다.

[추월만정: 딸의 편지] 국악밴드 소름이 〈심청가〉의 '추월만정'을 모티브로 만든 곡, 〈추월만정: 딸의 편지〉. 전통과 현대가 멋지게 어우러지는 곡입니다.

[심청가 중 심봉사 눈 뜨는 대목 – 김수연] 김수연 명창이 들려주는 심청가 '심봉사 눈 뜨는 대목'. 절절한 소리가 마음을 울립니다.

[심청가 중 심봉사 눈 뜨는 대목 – 송가인/남상일] 송가인과 남상일이 함께 부르는 '심봉사 눈 뜨는 장면'! 두 소리꾼의 조화가 특별한 감동을 선사합니다.

[완창 심청가 – 정순임] 무려 4시간에 걸친 정순임 명창의 〈심청가〉 완창 음원. 판소리의 깊은 매력을 제대로 느껴볼 수 있습니다.

▶ 스마트폰으로 책 속의 QR코드를 찍으면 저자 선생님이 추천하는 음악이나 공연실황, 또는 교육콘텐츠들에 바로 접속할 수 있습니다.

흥보가 밥을 먹는다 뚝딱!

#흥보_자식_스물아홉명 #소를웃기는명창_권삼득 #소리구멍 #흥보가밥을먹는데
#화초장타령 #제비후리러가는대목

놀보 하면 욕심 많고 못된 악역의 대명사지요. 얼마나 못됐는지 남들은 오장육보가 있는데 놀보는 심술보까지 있어서 오장칠보가 있다고 했습니다. 하는 짓을 보면, 초상집에서 춤추고, 불난 집에 부채질하고, 남의 밭에 똥 싸고, 눈먼 사람 개천에 빠뜨리고, 똥 누는 놈 주저앉히고, 우는 아이 똥 먹이고, 장독대에 돌 던지고, 머슴에게 새경도 안 주고, 밤이 되면 도둑질까지 하는 등… 차마 다 적지도 못할 만큼 못된 짓이란 못된 짓은 다 하고 다녔네요.

반면에 흥보는 굶는 사람 밥 주고, 추운 사람 옷 벗어 주고, 불난 집 가서 살림 지켜 주고, 주운 물건 주인 찾아 주고, 길 잃은 아이 부모 찾아 주는 등, 온갖 착한 일은 다 하고 다니는 데, 남의 일만 하느라고 돈 한 푼 벌지 못했습니다. 그러니 놀보는 집에서 밥만 축내는 흥보가 미웠나 봅니다.

하긴 흥보 가족이 단출한 것도 아니었으니 식량이 팍팍 줄긴 했을 겁니다.

말이 나온 김에 흥보 자식이 몇 명인지 아시나요? 스물아홉 명이라고 합니다. 부부 사이가 너무 좋아서 일 년마다 애를 낳았는데 쌍둥이도 낳고, 셋씩도 낳고, 서로 보고 웃음만 웃어도 자식이 생겼다고 하네요. 어떻게 그럴 수 있는지는 저도 잘 모르겠네요. 하도 아이가 많다 보니 이름도 갑실이, 을실이, 병실이로 시작해 나중에는 지을 이름이 없었는지 아롱이, 다롱이, 검둥이, 노랭이, 복실이, 발발이라고 아무렇게나 지어 버렸구요. 아무리 그래도 동네 강아지도 아니고 사람한테 발발이는 너무하지 않나요?

흥보와 같은 수의 자녀를 둔 조선의 왕이 있었는데요, 바로 태종입니다. 태종의 자녀는 12남 17녀, 총 스물아홉 명으로 흥보와 어깨를 나란히 했지요. 조선 역사상 가장 많은 자녀를 둔 왕입니다. 그리고 그 아들 세종대왕도 자녀의 수가 만만치 않았는데요, 세종대왕은 여섯 명의 아내로부터 스물두 명의 자식이 있었다고 합니다.

흥보가를 이야기할 때 빠질 수 없는 명인이 있습니다. 권삼득 명창인데요. 권삼득의 본래 이름은 권정인데, 사람 소리, 새소리(하늘의 소리), 짐승 소리(땅의 소리) 이렇게 세 가지 소리를 얻었다고 해서 삼득三得으로 불렸다고 합니다. 권삼득의 신분은 양반이었습니다. 명문 안동 권씨 28세손 권래언의 둘째 아들이었다고 하네요. 양반인데 어떻게 소리를 했냐구요? 그러게요. 하라는 글공부는 안 하고 소리만 연습하고 있으니 권삼득의 아버지는 얼마나 속이 상했겠습니까. 그래서 권삼득의 아버지는 호를 이우당二憂堂이라고 지었다네요. 이우당은 두 개의 근심을 가졌다는 뜻입니다. 두 개의 근심 중 하나가 뭐였는지는 짐작할 수 있겠지요?

판소리는 굿판에서 무당이 읊조리는 노래에 소설적인 이야기를 담아 표현하던 음악입니다. 입으로 전해지다가 19세기 말경에 전문 소리꾼들이 등장하며 대중들 사이에 큰 인기를 끌게 되었습니다. 사진은 토요명품공연 중 판소리 적벽가 공연 장면.

〈사진출처: 국립국악원〉

　　아버지가 말리고 말려도 도저히 말을 듣지 않으니, 집안 어른들과 아버지는 권삼득이 집안 망신을 시킨다고 생각해서 멍석말이를 해서 죽이기로 합니다. 멍석말이는 큰 죄를 지은 사람을 멍석에 말아놓고 몽둥이로 매질을 하는 벌을 말합니다. 오죽했으면 아들을 죽이려고까지 했을까요. 아마 멍석말이로 죽이겠다고 하면 다신 소리를 하지 않겠다고 할 줄 알았던 모양입니다. 아무튼 멍석에 둘둘 말린 권삼득은 죽기 전에 소리나 한번 하고 죽겠다고 합니다. 그리고 아주 슬픈 대목의 소리를 온 힘을 다해서 부릅니다. 소리를 들은 집안 어른들은 죽음으로도 권삼득을 말릴 수 없다는 것을 깨닫고 그의 재주가 아깝다고 여겼습니다. 결국 권삼득은 족보에서 제명당하고 집에서 쫓겨나게 되지요.

권삼득이 소리를 잘해서 사람뿐만이 아니라 동물들까지도 그 소리를 듣고 웃는다는 소문이 돌았습니다. 그 소문이 진짜일지 궁금했던 어떤 양반이 권삼득을 불러왔나 봅니다. 그리고 권삼득을 데리고 외양간으로 갔지요. 이제 권삼득은 황소를 앞에 두고 소리로 웃겨야 하는 기가 막힌 상황이 되었습니다. 얼마간의 시간이 지나 권삼득은 소리를 하기 시작했습니다. 한참 소리를 하는데 드디어 황소가 웃기 시작하는 겁니다. 그때부터 권삼득은 '소를 웃기는 명창'이라고 소문이 났습니다.

어떻게 그런 일이 있을 수 있냐고요? 후에 누군가가 권삼득에게 물었다고 합니다. 권삼득은 소리할 때 쓰는 부채에 암소의 오줌을 묻혀 두었다가 소리 중간에 부채를 쫙 펴서 황소 코끝에다 부채질했다고 합니다. 사실은 소가 권삼득 소리 때문에 웃은 것이 아니고 암소 오줌 냄새 때문에 웃었던 거지요.

타고난 재주도 있었겠지만, 권삼득은 굉장한 노력파였습니다. 그는 지리산으로 콩 서 말을 짊어지고 들어가서 판소리 한바탕을 부를 때마다 콩알 하나씩을 물속에 던졌다고 합니다. 콩이 서 말이면 54리터가 조금 넘습니다. 2리터짜리 페트병 27개에 콩을 꽉 채워 간 셈이지요. 그 콩이 다 없어질 때까지 연습을 했다니 득음을 하고도 남지 않았을까요?

권삼득 명창은 70세가 되던 해에 죽었습니다. 전라북도 완주에 가면 무덤이 있는데요, 무덤 오른쪽 앞부분에 작은 구멍이 뚫려 있다고 합니다.

희한하게도 그 구멍은 해마다 막아도 계속 뚫린다고 하네요. 사람들은 권삼득이 이 구멍을 통해 소리를 한다고 '소리 구멍'이라고 부른답니다. 비오는 밤이 되면 이 구멍에서 노랫소리가 들린다는 전설도 있습니다. 믿거나 말거나죠!

흥보는 어찌나 가난했던지 자식들에게 옷을 지어줄 수 없어 겨울에도 덕석(짚으로 짜서 겨울철에 소나 말의 등을 덮어 보온하는 일종의 덮개)에 구멍만 뚫어 자식들을 목만 쑥 내밀게 해서 방에 앉혀두었다고 합니다. 살길이 막막하여 남 대신 곤장을 맞아 주고 돈을 벌려고 하지만 그것마저도 뜻대로 안 됩니다. 할 수 없이 놀보에게 찾아가지만 곡식은커녕 형에게 몽둥이 매질을 당하고 형수에게 밥주걱으로 뺨을 맞고 돌아올 뿐이죠. 그러다 스님 한 분이 흥보 집에 동냥하러 왔다가 흥보에게 집터를 잡아 줍니다. 흥보는 그 집터에 집을 짓고 살다가 다리 부러진 제비 새끼 한 마리를 구하고 보답으로 박씨를 얻지요. 여러분도 다 아시다시피 이 박씨가 보통 박씨가 아니었지요? 첫째 박에서는 쌀과 돈이 가득 나오고, 둘째 박 속에서는 온갖 비단이 나오고, 셋째 박에서는 사람들이 나와 대궐 같은 집을 지어 줍니다.

그런데 흥보 식구들, 밥 구경을 정말 오랜만에 해 봤겠지요? 그래서 실컷 한번 먹어 보겠다고 한 사람 앞에 쌀 한 섬씩, 서른한 섬을 가지고 밥을 짓습니다. 남산만 한 밥을 쌓아 놓고 누에처럼 파먹는 아이들을 흐뭇하게 바라보던 흥보는 이제 제 차례라며 아예 밥 속에 드러누워 버립니다. 그리곤 가난한 살림에 숟가락도 없었는지 밥을 뭉쳐서 공중에다 던져놓고 받아먹고 하면서 원 없이 밥을 먹지요.

흥보가 밥 먹는다. 흥보가 밥을 먹는다. 뚝, 딱, 뚝, 딱, 뚝딱, 뚝딱, 뚝 딱, 뚝딱, 뭉쳐 가지고, 올라가거라. 딱. 흥보가 밥 먹는다. 뚝딱, 뚝 딱, 뚝딱, 뚝딱, 뭉쳐 가지고, 올라가거라. 딱, 딱. 던져놓고 받아먹고, 던져놓고 받아먹고, 던져놓고 받아먹고. 아이고, 어찌 많이 먹어 놨 던지 흥보가 밥을 먹다 죽는다.

안 먹던 밥을 그리 먹으니 흥보가 탈이 났겠지요? 말 그대로 배가 터져 죽을 지경이 됩니다.

흥보가 밥을 먹다 죽는구나.
어찌 먹었던지 눈 언덕이 푹 꺼지고, 코가 삐쭉허고, 아래턱이 축 늘 어지고, 배꼽이 요강 꼭지 나오 듯 쑥 솟아나오고, 고개가 뒤로 발딱 짜드라지며, “아이고, 이제 하릴없이 나 죽는다. 배고픈 것보다 훨씬 더 못 살겠다. 아이고, 부자들이 배불러서 날마다 어떻게 사는고?”
흥보 마누라 기가 막혀, “아이고 이게 웬일이오. 언제는 우리가 굶어 죽게 생겼더니마는, 이제는 내가 밥에 치여 과부가아아아아 되네. 아 이고 이 자식들아, 너희 아버지 돌아가신다. 어서 와서 발상들 하여 라!”
한참 이리할 적에 흥보가 설사를 허는디, 궁둥이를 부비적 부비적 홱 틀어놓으니 누런 똥줄기가 무지개 살같이 운봉 팔영재 너머까지 어 떻게 뻗쳐놓았던지 지나가는 행인들이 보고는 황룡 올라간다고 모두 늘어서서 절을 꾸벅꾸벅 허든 것이었다.

밥 실컷 먹고 죽겠다고 하는 홍보나 과부 된다고 자식들에게 초상 치를 준비를 하라는 홍보 아내나 참 그 아내에 그 남편입니다. 그리고 홍보 똥줄기를 보고 황룡이라 했다니, 참 어이가 없습니다. 그래도 홍보가 밥을 먹고 행복에 겨운 모습을 이렇게 해학 넘치게 표현한 장면은 정말 기발하고 재미있지 않나요?

홍보가 부자가 됐다는 소식을 듣고 놀보가 가만히 있었을 리가 없겠지요? 한참을 배 아파하다가 홍보네 집에 와봅니다. 우리 놀보가 축하해 주고 갈 인물은 아니지요. 홍보 마누라에게 권주가를 부르라고 하질 않나, 마누라를 버리고 새장가를 들라 하질 않나, 도적질한 것이 분명할 것이니 재산을 다 자기한테 맡기고 도망가라 하지를 않나… 아무튼 역시 놀보는 기대를 저버리지 않습니다. 그리고 홍보가 부자가 된 내력을 자세히 듣지요. 그리고 스스로 선물도 챙겨서 나옵니다. 금은보화가 솟아나는 화초장을 말이지요. 그런데 놀보는 화초장을 처음 봤나 봅니다. 이름도 까먹어서 간장인지 된장인지 헷갈리네요.

화초장 화초장 화초장 화초장 하나를 얻었다.
얻었네 얻었구나 화초장 하나를 얻었다.
얼씨구나 화초장 도랑 하나 건너뛰다
아차, 잊었네 어이구 이것이 무엇이냐.
거꾸로 붙여도 모르는구나.
초장화, 화장초, 장초화, 아이구 모르겠다.
'장'자를 모두 다 들먹거려 보자.

초장, 간장, 된장, 떼장, 송장, 고추장, 도장, 계장, 우장, 천장
아이고 모르겠네 저희 집으로 들어간다.

놀보가 집으로 와서 그 다음엔 무슨 일을 했을까요? 그렇지요. 자기도
제비 다리 고쳐 주고 부자가 되려고 집 여기저기에 제비집을 백 개쯤 놓고,
그래도 제비가 안 들어오니 이 산 저 산으로 제비를 잡으러 다닙니다.

1994년 박동진 명창이 텔레비전 광고에 나와서 "제비 몰러 나간다~" 하
는 장면이 있었는데요. 당시에 그 광고가 어찌나 유명했는지 "제비 몰러
나간다~" 그 부분은 대한민국 사람이라면 모르는 사람이 없을 정도였답
니다. 화초장 타령에 이어 제비 후리러 가는 대목이 뒤이어 나오니 쭉 이어
서 들어 보기를 권합니다. ♣

 [흥보가 – 동편제와 만정제] 동편제와 만정제 두 가지 스타일의 〈흥보가〉를 한 자리에서 들을 수 있습니다. 동편제는 '집터 잡는 대목'까지, 만정제는 '제비노정기'부터 끝까지 이어지는데요, 같은 이야기라도 느낌이 다르다는 걸 알 수 있어요!

[흥보가 – 김연수] 김연수 명창의 소리는 정말 맛깔나서, 듣다 보면 흥보가 밥 먹는 모습이 눈앞에 그려집니다. 

 [흥보가 – 조상현] 조상현 명창의 소리는 힘이 넘치고 생동감이 가득해서, 흥보가 또 한 통 박을 들여놓고 제비를 몰러 나가는 장면이 아주 실감나게 펼쳐집니다.

[흥보가 중 화초장 대목 – 왕기석/왕기철] 흥보가 중 '화초장 대목'을 왕기석, 왕기철 명창이 부른 무대. 두 형제 명창의 소리가 어우러져서 귀가 호강하는 기분입니다. 

 [흥보가 중 화초장 대목 – 어린이 소리꾼] 판소리는 어른만 잘하는 게 아닙니다. 어린이 소리꾼이 〈흥보가〉 중 '화초장 대목'을 너무나 구성지게 부르는 소리를 들어 보세요.

[흥보가 중 박 타는 대목 – 김준수] 흥보가 중 '박타는 대목'을 김준수 소리로 들어보세요. 신나는 장단 속에 판소리의 흥겨움이 그대로 살아 있습니다. 

▶️ 스마트폰으로 책 속의 QR코드를 찍으면 저자 선생님이 추천하는 음악이나 공연실황, 또는 교육콘텐츠들에 바로 접속할 수 있습니다.

목움출이는 왜 목이 짧아졌을까?

#판소리적벽가 #삼국지연의 #나관중 #조조수염 #군사설움대목 #군사점고대목
#목움출이 #박기홍명창 #백아_종자기

원나라 말기부터 명나라 초기에 살았던 나관중이라는 소설가가 있었습니다. 아는 것도 많고 글재주가 뛰어나 많은 작품들을 남겼습니다. 그중에 가장 대표작이라고 할 수 있는 책은 『삼국지연의三國志演義』입니다. 우리가 흔히 '삼국지'라고 부르는 바로 그 소설이지요.

환관이 권력을 휘두르고 나라 살림이 어려웠던 후한 시대, 전국 각처에서는 하루가 멀다고 반란이 일어납니다. 각지의 영웅들은 용기와 지략으로 어지러운 세상을 구하겠다는 일념으로 나라를 세우게 되지요. 『삼국지연의』에서는 조조의 위나라, 손권의 오나라, 유비의 촉나라가 세워지고 망하는 이야기가 담겨 있습니다. 역사 속의 사실을 기반으로 떠돌던 이야기들에 작가의 상상력이 더해져 흥미진진한 이야기가 태어나지요. 특히 유비가 한나라의 정통을 계승했다고 생각해서인지, 이 책에서는 유비를 주인공으로 하여 이야기가 펼쳐집니다.

이야기가 어찌나 재미있었던지 16세기 초 조선에 전해진 뒤에는 최고의 베스트셀러가 되었습니다. 처음에는 한문을 읽을 줄 아는 사대부들이 즐겨 읽다가 한글로 번안되어 일반 백성들과 부녀자들까지 즐겨 읽었죠. 소설을 다 읽어보지 못했어도 유비, 장비, 관우, 조조, 조자룡 같은 주인공들 이름을 알고, '도원결의桃園結義', '괄목상대刮目相對', '계륵鷄肋', '삼고초려三顧草廬' 같은 고사들이 일상용어가 될 정도로 인기 있는 소설이었습니다. 그리고 마침내 판소리로도 불리게 됩니다. 하지만 판소리는『삼국지연의』의 내용을 그대로 재현하지 않습니다.

먼저, 판소리〈적벽가〉는『삼국지연의』의 모든 내용을 다루지 않고 유비, 관우, 장비가 도원결의를 하는 장면부터 조조가 백만 대군을 이끌고 오나라와의 적벽대전에서 크게 패하여 도망가는 이야기까지의 내용이 들어 있습니다.

조조의 성격도『삼국지연의』와는 다릅니다. 판소리〈적벽가〉의 조조는 허세도 강하고, 겁도 정말 많습니다. 조조가 적벽대전에서 크게 패해서 많이 소심해졌는지, 상대편 황개가 조조를 잡으려 "수염 제일 많이 난 놈이 조조다! 조조를 잡아라!"라고 외치자, 조조는 자기 수염을 두 손으로 움켜쥐고 "아이고, 이놈의 수염은 어쩌자고 많이 나서 날 못살게 하는가!" 하고 한탄하질 않나, 놀라서 말도 거꾸로 타고 새만 날아가도 복병인 줄 알고 화들짝 놀라고 낙엽만 바스락대도 놀라 자빠집니다. 그뿐 아니라 장승만 보아도 상대편 장수인 줄 알고 벌벌 떨지요.『삼국지연의』에서 조조는 꾀가 많은 인물로 표현하는데,〈적벽가〉에서는 어설픈 행동으로 웃음을 자아냅니다.

　그리고 소설 『삼국지연의』가 영웅들을 중심으로 한 이야기라면, 판소리 〈적벽가〉는 일반 병사들이 전쟁터에 나와서 느끼는 설움과 전쟁의 잔혹함이 잘 나타난 서민적인 이야기입니다. 군사들이 전쟁터에서 부모 생각, 자식 생각, 두고 온 부인 걱정을 하는 ‘군사설움 대목’과, 적벽대전에서 패한 뒤 얼마 남지 않은 군사들을 모아 점고를 하는 ‘군사점고’ 대목은 판소리 〈적벽가〉에서만 들을 수 있는 내용입니다. 그런데 군사점고가 뭐냐고요? 군사점고란 명부에 일일이 점을 찍어가며 인원을 확인하는 일을 말합니다.

　부러진 창을 거꾸로 짚고 절뚝절뚝 들어오는 허무적이, 곱사등에 눈 찢어지고 입 비뚤어지고 귀 하나 떨어지고 콧대 부러지고 팔 하나 없고 다리 저는 골내종이, 싸움할 때는 뒤로 숨고 싸움 안 할 때는 앞장서는 바람에 멀쩡하게 살아남은 둥덩바리, 바늘 스물네 개와 말을 바꾼 덜렁쇠, 어린 동생을 혼자 두고 전쟁터에 나온 취사병 복통쇠, 꿈꾼 얘기로 조조를 골려서 술깨나 얻어먹은 군량지기 웅돌쇠 그리고 목움출이를 차례대로 부르는데요. 전쟁 통에 죽다가 살아나서 그런가요? 하나같이 조조한테 공손하지는 않습니다. 그런데 목움출이는 어떤 사연이 있어서 목이 움츠러들었을까요?

　　목움출이가 들어온다. 목움출이가 들오는디, 목을 착 움추리고 벙치 벗어 걸메이고, 전둥전둥 들어오며, “아이구, 목이야! 아이구, 목이야! 아이구, 목이야! 목이 아퍼서 어이 갈끄나? 고향을 망견허니 구름 밖에 멀었으니, 어이허여 가자는 말이냐?”
　　조조 보고 이른 말이, “너 본 목이 그렇게 쑥 들어갔느냐?” “어떤 엽

병을 허다가 빌어도 못 먹을 놈이 모가지가 본래 이렇게 생겼단 말이오?” “그럼 어째 그 모양이냐?” “승상님, 들어보시오. 적벽강 급한 불에 화전을 피하야 도망할 제, 어떠한 장수 하나 돌덩이 같은 주먹을 쥐고 한손에 칼을 들고 와락 뛰어 달려들어, 네 이놈! 조조란 놈 어디로 가드냐?” “아, 이 환장한 놈들이 내 앞에서 겁 없이 그저 조조놈이여?” “제가 그런 것이 아니라, 그 장수가 그러드라는 이 얘기 아니오?” “그래 대관절 어데서 그랬느냐?” “바로 요 너머에서 그랬소.” 조조 듣고 질색허여, “그래 일러 주었느냐? 일렀거든 말하여라. 어서 바삐 달아나자.” “안 일러주면 모르겠소? 승상님 들어오신 데로 말발자국이 완연헌디.” “아이고, 저놈 일렀구나.” “일렀든 안 일렀든 이 얘기나 들어보시오. 장군 눈을 부릅뜨고 돌덩이 같은 주먹을 쥐고 칼을 빼 목에다 대며 추상같이 호통허니, 안 일러주어서는 내가 못 살겠습디다.” “아이고, 저 목 벨 놈 다 일러주었구나.” “날더러 욕만 말고 나 배고파 말 못하겠소. 술이나 한 잔 주시오.” 조조 급헌 마음이라 한 잔을 부어주며, “어서 먹고 말하여라.” 이놈이 받아먹더니만, “아무리 생각허여도 만일 일러주었다가는 뭇죽엄이 나겠기로 내 목숨 떨어질 가량허고 모른다고 잡어떼었더니, 그 장수 주먹을 쥐고 내 머리를 냅데치니 이놈의 목덜미가 자래 목 들어가듯 한정 없이 들어가기에 눈을 가만히 뜨고 내 속을 내가 살펴보니, 하늘도 땅도 안 보이고 내 뱃속에 간, 천엽, 콩팥만 환허니 보입디다. 그래서 내 손으로 내 상투 검쳐잡고 뺀다고 빼 본 것이 요만큼밖에는 안 나왔으니, 이래가지고 천리 본국을 어이 간단 말씀이오?”

목움출이 말솜씨가 보통이 아니지요? 조조를 쥐락펴락하면서 술도 한 잔 얻어먹고 말입니다. 그리고 목이 들어갔다고 뱃속에 간, 천엽, 콩팥이 보인다니요. 그런데 목움출이 뱃속에 천엽이 있다구요? 천엽은 소 뱃속에 있는 세 번째 위인데 말이에요.

적벽가는 웅장하고 호령하듯이 불러야 하는 부분이 있어 잔재주를 허락하지 않기 때문에 판소리 다섯마당 중 가장 부르기 어렵다고 합니다. 그래서 이름난 명창들 중엔 특히 적벽가를 잘 부른 사람들이 많습니다.

고종 때 박기홍 명창도 적벽가를 잘 부르던 사람이었습니다. 한강 백사장에서 적벽가를 부를 때 대원군이 혼을 빼앗겼다고도 하고, 고종은 적벽강 불 지르는 대목에서 너무 몰입한 나머지 안절부절할 정도였다고 하네요. 이렇게 대원군과 고종의 눈에도 들어 박기홍 명창은 참봉이라는 벼슬까지 받았습니다.

소리에 대한 자부심이 대단하고 자존심도 만만치 않았던 박기홍은 대쪽 같은 성격이었다고 합니다. 당시 선산군수가 박기홍 명창이 인사를 안 온다고 괘씸하게 여겨 버릇을 고쳐놓겠다고 작정을 하고 불러 소리를 시켰습니다. 그때 박기홍 명창은 적벽가를 불렀습니다. 관운장이 호통하는 대목에 이르자 선산 군수가 그 소리에 깜짝 놀라 의자에서 떨어져 버릇을 고치기는커녕 오히려 망신만 당했다고 하네요.

이런 박기홍 명창의 소리는 아쉽게도 음반으로는 남아 있지 않습니다. 박기홍 명창은 자신의 소리를 제대로 알아주는 사람에게만 소리를 하겠다고 생각했던 모양입니다.

박기홍 명창처럼 소리를 알아주는 사람에게만 연주하던 중국 춘추전국

시대의 백아伯牙라는 사람이 있었습니다. 백아는 거문고 연주를 잘하기로 이름난 사람이었는데, 그에게는 종자기鍾子期라는 친한 친구가 있었지요. 신기하게도 백아가 마음속에 높은 산을 생각하면서 연주를 하면 종자기는 "곡의 느낌이 높은 산 같구나!"라고 말했고, 흐르는 강물을 떠올리면서 연주하면 "강물 소리가 들리는 것 같구나!"라고 했답니다. 그러던 어느 날, 종자기가 죽었습니다. 백아는 더 이상 자신을 알아주는 사람이 없다고 하며 그날로 거문고 줄을 끊고 다시는 연주를 하지 않았다고 합니다.

이와 같은 이유 때문이었을까요? 음반을 낼 수 있는 시대에 활동했던 소리꾼이었음에도, 박기홍 명창은 아쉽게도 음반을 전혀 남기지 않았습니다. ♣

[적벽가 – 박동진] 박동진 명창 판소리 적벽가 1990년 공연 실황입니다. 현장의 울림이 그대로 담겨 있는 소리, 명창의 깊은 내공이 전해집니다.

[완창 적벽가 – 김일구] 끊임없이 이어 듣는 판소리 적벽가 완창 3시간 음원. 한 번 틀면 끊임없이 이어 듣게 되는 몰입감! 판소리의 진수를 느낄 수 있어요.

[적벽가 중 조자룡 활 쏘는 대목] 적벽가 중 '조자룡 활 쏘는 대목'. 긴장감 넘치는 장면을 영상과 함께 보니 판소리의 맛이 더 생생합니다.

[적벽가 불과 바람의 노래] 첼로 반주와 어우러진 적벽가 '불과 바람의 노래'. 전통과 서양 악기의 색다른 조화가 돋보입니다.

[적벽가 중 적벽대전 – 왕기철] 〈적벽가〉 중 '적벽대전'을 왕기철의 소리로 감상해 보세요. 전투의 긴장감과 장쾌한 소리가 한데 어우러져 가슴이 뻥 뚫리는 듯합니다.

스마트폰으로 책 속의 QR코드를 찍으면 저자 선생님이 추천하는 음악이나 공연실황, 또는 교육콘텐츠들에 바로 접속할 수 있습니다.

명창들은 정말 똥물을 먹었을까?

판소리 명창들의 소리는 일반사람들의 소리와 정말 다릅니다. 언뜻 들어도 오랜 세월 공부해서 득음한 후에야 저런 소리가 나오겠구나 싶지요. 소리를 잘하기 위해서 폭포 밑에서 그 소리를 이겨내며 피를 토할 때까지 연습을 한다거나, 소리를 내기 위해 똥물을 마시기도 했다는 이야기도 있습니다. 정말이냐구요?

다른 병에 걸리지 않은 이상 피를 토한다는 건 좀 과장된 이야기 같습니다. 아마 너무 열심히 한 나머지 목에 염증이 생겨서 침이나 가래에 피가 섞여 나올 수는 있었겠지요.

그리고 똥물을 마셨다는 건 사실인데요. 그냥 똥물은 아니고, 대나무 마디를 잘라 통을 만들어서 그 위를 천으로 막아놓고, 그것을 변소 안에 넣어둔답니다. 그렇게 몇 달의 시간이 지나면 대나무 통 안에 맑은 똥물이

모이게 된답니다. 그 물을 끓여서 식혀 먹었다고 하네요. 으~ 그래도 냄새
는 그대로 남아있었을 것 같은데 말이죠. 하여간 옛날 판소리를 연습하던
명창들의 열정은 정말 대단하지 않나요?

전문가처럼은 못 부르겠지만, 판소리 중에는 따라 부르기만 해도 재미있
고 평생을 불러도 질리지 않는 곡들이 많습니다. 그중, 단가短歌라는 노래
들이 있습니다. 판소리를 부르기 전에 분위기도 잡고, 목도 풀 겸 가볍게
부르는 노래인데요, 음역과 장단의 변화가 많지 않고 그리 어렵지 않기 때
문에 충분히 따라 부를 수 있습니다.

단가 중에 특히 〈사철가〉라는 곡을 권하고 싶습니다. "이산~ 저산~" 하
며 툭 내던지듯 시작하는 이 노래는 들으면 들을수록 가사와 곡조가 마음
에 와닿습니다. ♣

이산 저산 꽃이 피니 분명코 봄이로구나.

봄은 찾아왔건마는 세상사 쓸쓸하더라.

나도 어제 청춘일러니 오늘 백발 한심허구나.

내 청춘도 날 버리고 속절없이 가 버렸으니

왔다 갈 줄 아는 봄을 반겨 헌들 쓸데 있나.

봄아 왔다가 가려거든 가거라.

니가 가도 여름이 오면 녹음방초 승화시라.

옛부터 일러 있고 여름이 가고 가을이 돌아오면

한로삭풍 요란해도 제 절개를 굽히지 않는 황국단풍도 어떠헌고

가을이 가고 겨울이 돌아오면

낙목한천 찬바람에 백설만 퍼얼펄 휘날리어

은은 세계가 되고 보면은 월백 설백 천지백허니

모두가 백발의 벗이로구나.

무정세월은 덧없이 흘러가고

이 내 청춘도 아차한번 늙어지면 다시 청춘은 어려워라.

어화 세상 벗님네들 이내 한 말 들어보소.

인생이 모두가 팔십을 산다고 해도

병든 날과 잠든 날 걱정 근심 다 제하면 단 사십도 못 살 인생

아차 한번 죽어지면은 북망산천의 흙이로구나.

사후에 만반진수는 불여생전의 일배주만도 못하느리라.

세월아 세월아 세월아 가지 말아라.

아까운 청춘들이 다 늙어간다.

세월아 가지마라 가는 세월 어쩔거나.

늘어진 계수나무 끝끝 가지에다 대량 매달아놓고

국곡투식 허는 놈과 부모불효 허는 놈과 형제화목 못하는 놈

차례로 잡아다가 저세상으로 먼저 보내버리고

나머지 벗님네들 서로 모아 앉아

한 잔 더 먹소 덜 먹소 하여 가면서 거드렁거리고 놀아보세.

옛 선조들의 노래 – 민요 / 잡가 / 선소리 / 판소리 / 단가

민요는 본래 민중 생활 속에서 자연스럽게 만들어지며 입으로 전해진 노래들입니다. 각 지방마다 특색이 있는데, 이것을 흔히 향토민요라고 합니다. 향토민요를 전문 소리꾼들이 세련되게 다듬어 널리 알려지게 된 것을 통속민요라고 합니다.

잡가는 소리꾼들이 부르던, 통절형식通節形式의 긴 노래입니다. 통절형식이란 1절, 2절 등으로 나뉘어 같은 곡조를 반복하지 않고 길게 이어지는 노래를 말합니다. 민요가 후렴구를 포함한 짧은 장과 절로 나누어진다면 잡가는 분절되지 않은 긴 사설로 이어진다는 점이 다릅니다. 경기도 지역에서는 방안에 앉아 부른다고 해서 '좌창坐唱'이라고 부르기도 합니다. 지역에 따라 경기잡가, 서도잡가, 남도잡가로 나누어집니다.

선소리는 잡가와 음악형식이 비슷하지만 주로 야외에서 부르는 노래들을 말합니다. 서서 부른다고 해서 '좌창'과 대비되는 '입창立唱'이라는 이름으로 부르기도 하며, 산을 주제로 하는 사설들이 많기 때문에 '산타령'이라고도 합니다. 경기산타령과 서도산타령이 있으며 남도의 선소리는 산타령이라 하지 않고, 특별히 '화초사거리'라고 부릅니다.

판소리는 남도의 음악 중 한 사람의 소리꾼이 북 치는 이의 장단에 맞춰 몇 시간에 걸쳐 노래로 이야기를 펼치는 일종의 노래극 형식을 취합니다. '여러 사람이 모인 장소'라는 뜻의 '판'과 '노래'를 뜻하는 '소리'가 합쳐져 판소리라는 이름이 붙여졌습니다. 굿판에서 무당이 읊조리는 노래에 소설적인 이야기를 담아 표현한 것이 새로운 장르로 정착된 것으로 보입니다. 서민들 사이에서 입으로 전해지다가 19세기 말경에 전문 소리꾼들이 등장하며 대중들 사이에 큰 인기를 누리게 되었습니다. 현재 〈춘향가〉, 〈심청가〉, 〈흥부가〉, 〈수궁가〉, 〈적벽가〉의 다섯 마당이 전해집니다.

단가는 판소리를 하기 전에 목을 풀기 위해 짧게 부르는 노래들을 말합니다. 짧은 사설을 가졌다는 뜻으로 단가短歌라는 이름이 붙었습니다. 사설 내용은 대부분 자연을 벗하는 즐거움이나 고사故事를 읊은 것들로 기교 없이 담담하게 부르는 것이 일반적입니다. 단가의 종류는 약 50종에 이르지만, 흔히 부르는 것은 〈만고강산〉, 〈진국명산〉, 〈고고천변〉, 〈죽장망혜〉, 〈운담풍경〉, 〈강상풍월〉, 〈불수빈〉 〈홍문연가〉, 〈백수한〉, 〈편시춘〉, 〈장부한〉, 〈호남가〉 등이 있습니다.

[이산저산 – 조상현] 조상현 명창이 직접 만든 단가입니다. 〈이산저산〉이라 불리는 이 곡은 자연을 바라보며 인생을 되새기는 듯한 느낌이 듭니다.

[사철가 – 김준수] 국립창극단 김준수의 목소리는 맑고 힘이 있어서 귀가 쫑긋 설 정도예요. 〈사철가〉의 감정을 또렷하게 표현해줘서 듣는 내내 몰입하게 됩니다.

[사철가 – 해금과 오케스트라 반주] 해금과 오케스트라의 반주가 노래와 참 잘 어우러집니다. 고수의 "허허허허" 웃는 듯한 추임새와 "좋다~" 하고 소리치듯 넣는 추임새, '가을이 가고~'부터는 함께 하는 합창까지 더해져 노래의 분위기를 극대화해 줍니다.

[사철가 – 김주리] 단가 〈사철가〉를 크로스오버 버전으로 편곡한 사철가. 김주리의 목소리가 부드럽게 흐르면서, 색다른 분위기를 만들어줘요.

[사철가 – 하윤주] 정가의 맑고 고운 음색에 딱 맞게 편곡된 〈사철가〉예요. 하윤주의 노래는 조용히 마음을 울리는 힘이 있습니다.

[사철가 – 고영열] 고영열의 목소리는 정말 독특하고 매력적이에요. 쉽게 따라 부를 수 있을 것 같지만, 들을수록 깊이가 느껴집니다.

▶ 스마트폰으로 책 속의 QR코드를 찍으면 저자 선생님이 추천하는 음악이나 공연실황, 또는 교육콘텐츠들에 바로 접속할 수 있습니다.

힙한 우리 음악 들어 보세요

♬ 장악원에서 국립국악원까지

♬ K-음악과 조선 팝

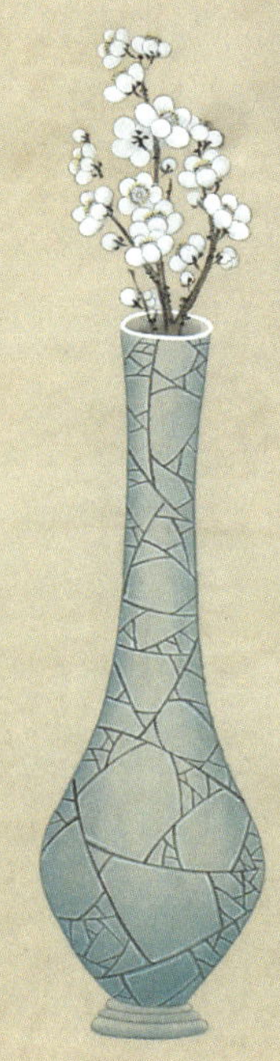

♬ 이날치밴드 – 범내려온다

♬ 서도밴드 – 뱃노래

♬ 이희문 – 해송세월 말아라

♬ 송소희 – Not a Dream

장악원에서 국립국악원까지

#국립국악원유래 #음성서 #대악서 #장악원 #이왕직아악부 #전악
#토요명품공연 #국립국악원홈페이지 #국악아카이브 #서초구예술의전당

국립국악원이 천사백 년 전부터 있었다고 하면 놀라시겠죠? 먼 옛날부터 국가의 음악을 관리하는 기관이 있었습니다. 이 기관들은 궁중음악을 중심으로 나라의 음악을 관리하고, 계승 발전시켰지요. 신라의 음성서, 고려 시대 대악서, 조선 시대에 장악원, 일제강점기 때의 이왕직아악부를 거쳐 현재의 국립국악원으로 이어졌습니다.

조선 시대의 장악원을 잠시 살펴볼까요? 장악원은 승정원, 사간원, 홍문관, 예문관, 성균관, 춘추관 같은 기관들과 더불어 정3품 관청에 해당했다고 합니다. 나라의 각종 의식 행사와 기념일에 음악과 무용을 주관했지요. 장악원에 속한 전문 음악인들을 악공樂工과 악생樂生으로 불렀는데, 같은 연주자였지만 천민이나 양인이냐에 따라 각각 이름이 달랐습니다. 월급도 적은 데다, 왕실에서 벌어지는 행사 때마다 불려 가기 때문에 연습도 꾸준히 해야 했습니다. 거기에 학교처럼 정기적으로 실기시험을 치러 실력이 뒤떨어지면 징계를 받고 보충수업까지 받아야 했다고 하네요. 징계를 안 받기 위해서라도 열심히 연습했을 것 같다구요? 징계 때문이 아니라도 악공과 악생들의 음악에 대한 열정은 상당히 높아서 정말 열심히 연습했다고 합니다. 그리고 열심히 해서 뛰어난 실력을 발휘한 사람에게는 보상도 뒤따랐다고 하네요. 하지만 역시 굉장히 힘든 직업이었겠지요? 그래서 나라에 전쟁이 나 악공과 악생들이 뿔뿔이 흩어지게 되면 전쟁이 끝난 뒤에도 다시 궁으로 돌아오지 않는 사람들이 많았다고 합니다.

장악원에서 가장 높은 자리는 전악典樂이었는데, 지금으로 치면 음악감독에 해당하는 역할이었습니다. 각종 의식과 제사 등에서 음악이 필요할 때 행사를 준비하고, 악공과 악생을 연습시키고, 연주를 지휘 감독하는 일을 맡았습니다. 여기에 무용까지도 지도했지요. 그뿐만이 아닙니다. 악기의 제작과 구입을 책임지고 행정적인 업무도 보아야 했지요.

성종 때 편찬한 『경국대전』에 따르면 장악원에 소속된 음악인이 천 명이 넘었다고 합니다. 나라에서 음악을 얼마나 중요시하게 생각했는지 알 수 있습니다. 왕실과 국가의 제사며 잔치, 노인을 위한 연회, 사신 접대는 물론 외교사절을 파견할 때에도 함께 갔다고 하니 많은 인원이 필요했을 겁니다.

대한민국 건국 뒤 장악원이 했던 일을 계승한 곳이 바로 국립국악원입니다. 6.25전쟁이 한창이던 1951년에 부산에서 개원했지요. 지금의 국립국악원에서는 궁중음악뿐만 아니라 민속악, 무용, 창작 음악을 담당하는 4개의 예술단이 있어서 많은 공연을 기획하여 열고 있습니다.

정악단, 민속악단, 창작악단, 무용단의 정기 공연을 비롯해서 토요일마다 '토요명품공연'이 정기적으로 이뤄지고 있고, 거의 매일 다채로운 공연이 열리는데요, 국립국악원 홈페이지(www.gugak.go.kr)에 들어가면 이런 공연정보와 국악정보, 동영상까지 모두 찾아볼 수 있습니다. 그리고 국악아카이브(http://archive.gugak.go.kr)에 들어가면 다양한 국악 자료도 찾고 무료로 동영상과 음향을 감상할 수 있답니다. 무척 많은 자료를 구할 수 있으니 여러분도 책을 읽다가 듣고 싶은 음악이나 공연이 있으면 꼭 한 번 찾아서 감상해 보세요.

국립국악원에 가신다면, 꼭 국악박물관부터 들러 보세요. 한국 전통음악의 역사와 다양한 악기를 만날 수 있는 상설 전시와 특별 전시가 마련되어 있어요. 소리의 원리를 배우며 놀 수 있는 체험 공간도 있어서 가족 나들이 장소로 딱이랍니다.

박물관 3층에는 '공간이음'이라는 멋진 복합 문화공간이 있어요. 국악박물관, 국악아카이브, 국악자료실, 북한음악자료실의 소장 자료를 한자리에서 만나볼 수 있죠. 디지털 콘텐츠부터 희귀 자료까지, 국악에 대한 깊은 이야기를 들여다볼 수 있는 곳이에요.

국악기를 직접 보고 싶다면 '악기연구소'로 가 보세요. 이곳은 국악기를 연구하고 제작하는 공간으로, 다양한 악기를 가까이서 살펴볼 수 있어요. 국악 체험 교육에 관심 있으시다면 '국악연수관'도 추천드려요. 배우고 느끼는 즐거움이 있는 곳이랍니다.

공연을 즐기고 싶으시다면, 국립국악원 공연장도 빼놓을 수 없죠. 자연 음향을 살린 '우면당', 국악 전용 공연장인 '예악당', 그리고 방패연 모양의 음향 반사판이 인상적인 무대까지, 전통과 현대가 어우러진 공간이에요. 야외 공연은 '연희마당'에서, 옛 선비들의 풍류방을 본뜬 '풍류사랑방'에서는 실내 공연을 즐길 수 있어요.

　백문이 불여일견이라 했죠. 방학이나 휴일에 꼭 한번 들러서 우리 음악의 멋과 깊이를 직접 느껴보시길요. 참, 서울뿐 아니라 부산에도 국립국악원이 있어요! ♣

K-음악과 조선 팝

#케이팝 #데몬헌터스 #이날치밴드 #범내려온다 #풍류대장 #크로스오버
#풍류대장 #정년이 #창극

요즘 「케이팝 데몬 헌터스」라는 애니메이션이 세계적으로 인기를 끌고 있습니다. 케이팝과 더불어 한국 문화의 다양한 요소들이 곳곳에 담겨 있어서인지, 우리 음악에 대한 관심도 함께 높아지고 있는 것 같습니다. 그래서인지 유튜브에는 AI로 작곡한 국악풍 노래들도 많이 올라오고 있습니다.

몇 년 전에는, 이날치 밴드의 '범 내려온다'가 대한민국을 흥으로 들썩이게 했었습니다. 판소리가 단순히 옛날 음악이 아니라, 지금 시대에도 충분히 소통하며 재미를 줄 수 있는 장르라는 것을 많은 사람들이 느끼게 된 계기였지요. 팬텀싱어라는 프로그램에서 고영열과 김수인이 판소리 창법으로 다양한 음악 장르를 소화해 내는 모습도 정말 인상적이었습니다. 몽금포 타령이나 흥타령 같은 무대는 눈을 뗄 수 없을 만큼 멋졌습니다.

「풍류 대장」이라는 프로그램에서는 국악과 대중음악을 크로스오버하여 국악의 멋과 매력을 보여주었습니다. 매회 길이 남을 무대들이 펼쳐졌고, 국악이 얼마나 다양한 방식으로 표현될 수 있는지 알 수 있었지요. 드라마 「정년이」에서는 여성 창극 배우의 이야기를 다루었는데, 드라마의 인기가 높았던 만큼 창극에 대한 관심도 함께 높아졌습니다.

사실 창극은 예술성과 재미를 모두 갖추어 이전부터 많은 팬들을 거느리고 있었습니다. 저도 지인과 함께 국립창극단에서 수궁가를 각색한 창극 공연을 본 적이 있는데요, 연기, 노래, 무대, 의상, 구성 등 모든 요소가 눈과 마음을 사로잡아 한순간도 놓치기 싫었던 기억이 있습니다. 함께 공연을 본 지인도 자신이 보았던 어떤 뮤지컬이나 연극보다 훌륭했다고 극찬했을 정도였습니다. 한 번도 안 본 사람은 있어도, 한 번만 본 사람은 없다고나 할까요? 그래서인지 요즘 판소리 전공자와 창극 배우들은 최고의 인기를 누리고 수많은 팬을 거느리고 있기도 합니다.

요즘은 우리 음악을 더 많은 이들이 즐길 수 있도록 다양한 시도들이 계속되고 있습니다. 창작 국악에서 많은 시도들이 이루어지고 있고, 국악의 대중화를 위해서도 큰 노력이 이루어지고 있습니다. 텔레비전 오디션 프로그램에서도 다채로운 매력을 소개하고, '21세기 한국음악 프로젝트' 같은 실험적인 분야에도 도전하고 있습니다. 상은 다 차려져 있는데, 즐기는 사람들이 좀 더 많아졌으면 좋겠습니다.

하지만 아직도 국악에 대해 "시끄럽다.", "졸립다.", "무슨 말인지 모르겠다." 같은 선입견을 가진 분들이 계신 것 같습니다. 국악은 무속음악이 아니라, 우리 삶과 감정을 깊이 있게 표현할 수 있는 훌륭한 예술입니다. 잠 깐 듣고 판단하기보다는, 조금만 더 관심을 가지고 들어 보면 국악의 아름 다움과 깊이를 충분히 느낄 수 있습니다.

지금은 세계 사람들이 다양한 음악을 즐기는 시대입니다. 우리나라의 멋진 음악도 더 많은 사람이 함께 즐길 수 있었으면 좋겠습니다. 여러분도 국악에 대해 열린 마음으로 들어 보시고, 새로운 감동을 느껴 보시길 바 랍니다. ♣

[새타령 – 정년이 OST] 드라마 「정년이」 OST에 있는 이날치 밴드의 〈새타령〉. 전통 판소리를 이렇게 신나게 바꿔놓다니! 이날치 밴드의 새타령은 듣는 순간 어깨가 절로 들썩여요.

[Not a Dream – 송소희] 항상 다양한 시도를 하는 송소희의 미발매 자작곡 〈Not a Dream〉. 송소희만의 창법이 잘 살아 있는 곡이에요.

[창귀 – 안예은] 처음 들을 때는 충격적으로 들렸다가 들을수록 좋아서 결국 가사까지 외우게 되는 곡, 안예은의 〈창귀〉입니다.

[뱃노래 – 서도밴드] 조선팝이라는 이름이 딱 어울리는 서도밴드의 노래입니다. 모든 무대가 멋짐 폭발인 서도밴드의 〈뱃노래〉를 감상해 보세요.

[영정거리 – 악단광칠] 악단광칠의 공연은 꼭 가서 보고 싶다는 생각이 들게 합니다. 황해도 굿 영정거리가 악단광칠만의 분위기로 완전히 새롭게 태어났어요.

[허송세월 말어라 – 이희문] 경기 민요 〈사발가〉를 편곡한 〈허송세월 말어라〉. 무대 의상도 눈에 띄지만, 진짜 놀라운 건 노래 실력이에요! 이희문의 다른 무대도 찾아보고 싶어질 거예요.

[조선의 힙] AI를 이용한 국악 분위기가 나는 노래들이 유튜브에 많이 올라오고 있어요. '케이팝 데몬 헌터스' 덕분인 것 같은데 전통 느낌을 살리면서도 새롭고 신기한 음악이에요.

▶ 스마트폰으로 책 속의 QR코드를 찍으면 저자 선생님이 추천하는 음악이나 공연실황, 또는 교육콘텐츠들에 바로 접속할 수 있습니다.

〈참고도서 및 참고 사이트〉

『국악 이렇게 들어보세요』. 송혜진. 다른세상
『한국 음악의 거장들』. 송지원. 태학사
『우리가 정말 알아야 할 우리 음악』. 전인평. 현암사
『조선창극사』. 정로식. 동문선.
『알기쉬운 국악개론』. 이성천,권덕원, 백일형, 황현정. 도서출판 풍남
『국악개론』. 김영운. 음악세계
『국악통론』. 서한범. 태림출판사
『재미있는 우리 국악이야기』. 이성재. 서해문집
『김연수 완창 판소리 다섯바탕 사설집』. 최동현. 민속원
 국립국악원 홈페이지

아래 사진 저작물은 국립국악원에서 작성하여 공공누리 제1유형으로 개방한 작품들입니다.

- 20쪽 2015 토요명품공연:정악 C형[11.07.] 공공저작물 촬영사업 결과물 - 05-22.
  종묘제례악 '전폐·희문·기명·역성·소무·독경·영관'
- 40쪽 국립국악워 사진 자료실 - 아쟁 / 해금
- 55쪽 2015 토요명품공연: 무용 C형[10.10.] 공공저작물 촬영사업 결과물 - 03-05.
  처용무
- 59쪽 2015 토요명품공연: 종합 라형[08.22.] 공공저작물 촬영사업 결과물 - 04-04.
  대금산조(서용석류)
- 72쪽 2016 무용단 정기공연: 무원(舞源)[2016.06.17.] 공공저작물 촬영사업 결과물 -
  04-142. 호적시나위
- 115쪽 국립국악워 사진 자료실 - 태평소
- 124쪽 5. 2015 토요명품공연: 종합 가형[10.03.] 공공저작물 촬영사업 결과물 - 07-21.
  판굿
- 160쪽 2015 토요명품공연: 민속악단 B형[08.08.] 공공저작물 촬영사업 결과물 - 02-07.
  판소리 〈적벽가〉 중 '군사설움 대목'

개정증보판

우리가 몰랐던 우리음악 이야기

1판 1쇄 발행 2018년 9월 30일
개정판 1쇄 발행 2025년 11월 5일

지은이 박소영
펴낸이 박찬규
디자인 신미연

펴낸곳 구름서재
등록 제396-2009-000058호
주소 경기도 고양시 일산동구 산두로 88 정발마을 107동 103호
이메일 fabrice@naver.com
블로그 http://blog.naver.com/fabrice

ISBN 979-11-89213-47-3 (43670)